职业教育财经类专业教学用书

成本会计核算实务

（第2版）

丛书主编　何德显

主　　编　潘浩滨　韦　锋　罗　涛

副 主 编　蒋晶晶　陈宇前　徐晓燕　路钧琳

参　　编　古　励　朱　婵　何小妹　陆昊民

　　　　　陆莹颖　陈贵南　杨美秋　李艳娟

　　　　　张秋霞　徐春调　潘玉艳

電子工業出版社

Publishing House of Electronics Industry

北京 · BEIJING

内容简介

本书以制造企业产品成本核算为主体，简明阐述了费用与成本的相关概念、成本会计的对象和职能、成本核算的基本要求、基本程序和基本方法；以产品成本核算的基本方法为引领，基于产品成本核算的工作过程导向，系统、全面地介绍了产品成本核算的品种法、分批法和分步法三种基本方法的具体步骤和操作方法。另有《成本会计核算技能实训手册（第2版）》作为配套教学用书，供学生结合理论学习进行自我检测与提高。

本书配有教学课件，以便教师备课参考，请登录华信教育资源网（www. hxedu. com. cn）下载。

本书适合作为职业院校会计专业的教学用书，也可以供从事会计工作的人员自学和各种形式的会计培训使用。

图书在版编目（CIP）数据

成本会计核算实务/潘浩滨，韦锋，罗涛主编 .—2 版 .—北京：电子工业出版社，2017. 8
ISBN 978-7-121-32014-9

Ⅰ. ①成… Ⅱ. ①潘… ②韦… ③罗… Ⅲ. ①成本会计-职业教育-教材 Ⅳ. ①F234. 2

中国版本图书馆 CIP 数据核字（2017）第 140947 号

策划编辑：陈　虹
责任编辑：陈　虹
印　　刷：北京盛通数码印刷有限公司
装　　订：北京盛通数码印刷有限公司
出版发行：电子工业出版社
　　　　　北京市海淀区万寿路 173 信箱　邮编：100036
开　　本：787×1 092　1/16　印张：10　字数：251. 2 千字
版　　次：2014 年 8 月第 1 版
　　　　　2017 年 8 月第 2 版
印　　次：2024 年 8 月第 14 次印刷
定　　价：32. 00 元

凡所购买电子工业出版社图书有缺损问题，请向购买书店调换。若书店售缺，请与本社发行部联系，联系及邮购电话：（010）88254888，88258888。

质量投诉请发邮件至 zlts@ phei. com. cn，盗版侵权举报请发邮件至 dbqq@ phei. com. cn。

本书咨询联系方式：chitty@ phei. com. cn。

前　言

为适应职业院校培养应用型人才的需要，配合学生全面、系统掌握产品成本核算的基本知识和实务操作技能，我们组织编写了《成本会计核算实务》一书，自 2014 年 8 月出版以来，得到了广大教学工作者和读者的充分肯定和厚爱。为了适应国家政策法规和职业教育特点变化的需要，应广大教材使用者的要求，我们对该书进行了全面、系统的修订。与传统教材相比，本书具有以下特点。

1. 以产品成本核算方法为引领，突出工作过程的系统性和完整性

本书以产品成本核算的基本方法为引领，基于工作过程为导向，将产品成本核算的基本理论、基本方法和基本技能融为一体并进行了全面的整合，系统、全面地介绍了品种法、分批法和分步法产品成本核算的具体方法和步骤，在各种方法的基本理论和基本技能自成体系的同时力求避免教学内容重复。

2. 操作过程清晰明了，易学易懂

本书以产品成本核算的工作过程为主线，系统介绍了各种产品成本核算方法的实务操作过程，各种方法的案例设计力求使用同一会计主体和同一会计期间的经济业务，保持核算过程各种数据的连贯性，操作过程清晰明了，案例选择均为学生比较常见的商品，贴近生活、图文并茂、易学易懂。

3. 业务处理与企业实务对接，突出综合职业能力训练

本书经济业务案例均以原始凭证体现，各种原始凭证、印章及各种生产费用的汇总、分配和结转、产品成本的计算和结转等表格的设计力求与当前企业实际工作相一致，仿真性较强，有利于学生在识读的基础上掌握各种表格的应用和设计技能。

本书可用于职业院校会计专业的教学用书，也可以作为从事会计工作的人员自学用书和各种形式的会计培训用书。

本书教学时间安排建议如下：

项　目	教学内容	理论课时		实践课时		总　课　时	
		中　职	高　职	中　职	高　职	中　职	高　职
项目一	走进成本会计	2	1			2	1
项目二	品种法	14	9	12	8	26	17
项目三	分批法	10	6	8	6	18	12
项目四	分步法	16	12	12	10	28	22
合　计		42	28	32	24	74	52

本书由潘浩滨、韦锋、罗涛担任主编，由蒋晶晶、陈宇前、徐晓燕、路钧琳担任副主

编，由何德显总纂。参加本书编写的人员还有（以姓氏笔画排序）：古励、朱婵、何小妹、陆昊民、陆莹颖、陈贵南、杨美秋、李艳娟、张秋霞、徐春调、潘玉艳。

在编写过程中，还得到了许多专业教师、职教专家、企业行家的指导和帮助，在此无法一一列出，谨向他们表示诚挚的谢意。

为了方便教师教学，本书配有教学课件（电子版），请有此需要的教师登录华信教育资源网（www.hxedu.com.cn）免费下载。

由于编者水平有限，不妥之处在所难免，恳请读者批评指正。

编　者

目　录

项目一

走进成本会计

在市场经济条件下，价格竞争是企业参与市场竞争的主要手段之一。在同类、同质的产品中，其成本高低直接关系到商品市场竞争能力和获利能力。正确核算产品成本、为企业经营决策提供可靠的依据，已经成为企业经营管理的重要内容。成本会计正是适应这种管理要求而产生和发展的。

任务一　认知费用和成本

一、认知费用和成本的相关概念

在了解成本之前，我们先来了解几个与成本相关的概念。

（一）支出

支出是指企业在经济活动中为了实现特定经济目的而发生的资源流出，包括偿债性支出、资本性支出、收益性支出、权益性支出。

偿债性支出是指用现金资产或非现金资产偿付各项债务的支出，引起资产和负债同时减少。如以银行存款偿还前欠材料款等。

资本性支出是指受益期超过一年或一个营业周期的支出。即发生该项支出不仅是为了取得本期收益，还是为了取得以后各期收益。如以银行存款购买固定资产等。

收益性支出又称收益支出，是指企业在经营过程中发生的、其效益仅与本会计年度相关、因而由本年收益补偿的各项支出。收益性支出包括应计入产品成本的支出、营业税金及附加支出和期间费用的支出。

权益性支出是指某一项现金资产或非现金资产的减少而引起除利润以外其他所有者权益项目减少的支出，使资产与所有者权益同时减少。如向投资者支付的股息、红利等。

小提示

费用和成本是支出的一部分，费用和成本的形成来源于支出中的收益性支出。

（二）费用

费用是指企业在日常生产经营活动中发生的、会导致所有者权益减少、与向所有者分配利润无关的经济利益的总流出。小企业的费用包括营业成本、营业税金及附加和期间费用等。小企业的费用应当在发生时按其发生额计入当期损益。

1. 营业成本

营业成本是指企业商品销售或提供劳务的成本。商品销售成本是指已销售并确认收入的商品成本；提供劳务的成本是指已完成并确认收入的劳务成本。

2. 税金及附加

税金及附加是指企业开展日常生产经营活动应负担的消费税、城市维护建设税、资源税、土地增值税、城镇土地使用税、房产税、车船税、印花税和教育费附加、矿产资源补偿费、排污费等。

3. 期间费用

期间费用是指企业为组织和管理企业生产经营、筹集生产经营资金以及销售商品等而发生的各项费用，包括销售费用、管理费用、财务费用等。

销售费用是指企业在销售商品或提供劳务过程中发生的各种费用，包括销售人员的工资、商品维修费、运输费、装卸费、包装费、保险费、广告费、业务宣传费、展览费等。

管理费用是指企业为组织和管理生产经营而发生的其他费用，包括企业在筹建期间发生的开办费、行政管理部门发生的费用（如固定资产折旧费、修理费、办公费、水电费、差旅费、管理人员的工资等）、业务招待费、研究费用、技术转让费、相关长期待摊费用摊销、财产保险费、聘请中介机构费、咨询费（含顾问费）、诉讼费等。

财务费用是指企业为筹集生产经营所需资金而发生的筹资费用，包括利息费用（减利息收入）、汇兑损失、银行相关手续费、企业给予的现金折扣（减享受的现金折扣）等。

（三）成本与产品成本

成本是指企业为生产商品和提供劳务等所耗费物化劳动、活劳动中必要劳动价值的货币表现，即企业为生产产品或提供劳务而发生的各项费用。

产品成本是指企业在生产产品过程中所发生的材料费用、职工薪酬以及不能直接计入而按一定标准分配计入的各种间接费用。产品成本可以指一定时期为生产一定数量产品而发生的成本总额，也可以指一定时期生产产品的单位成本。

小提示

成本泛指人们为达到一种目的而放弃另一种目的所牺牲的经济价值，如生产成本、销售成本、采购成本、储存成本、缺货成本等；产品成本特指人们为生产一定种类与数量产品而耗费资源的经济价值，如生产一辆汽车所耗费的材料、人工和制造费用等。本书的“成本”主要是指产品成本。

二、了解费用与成本之间的关系

制造企业的支出、费用和成本之间的关系如图 1-1 所示。

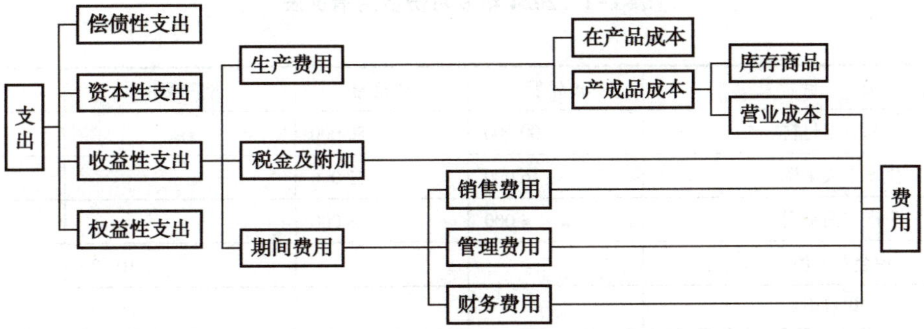

图 1-1　支出、费用和成本之间的关系

1. 费用与成本之间的联系

从图 1-1 可以看出，费用与成本之间有着密切的联系。

（1）费用和成本都是企业支出的一部分。企业支出中的收益性支出包括生产费用、营业税金及附加和期间费用。

（2）成本是对象化了的费用。生产费用按一定对象进行归集，即为生产成本。一定会计期间的生产费用按其受益对象（各种产品）进行分配和归集，形成各种产品的生产成本；某一产品的生产成本按一定标准在期末在产品和产成品之间进行分配，形成了该产品的在产品成本和完工产品成本；已销售的完工产品成本，形成了当期的费用（营业成本）。

小提示

按收益性支出的定义，生产费用应该属于费用，但从一定会计期间看，生产费用最终形成在产品成本、库存商品成本和已销商品成本，只有已销商品成本才是当期费用。

2. 费用与成本之间的区别

从图 1-1 可以看出，费用与成本之间有着本质的区别。

（1）经济内容不同。费用包括营业成本、营业税金及附加和期间费用。而成本只包括为生产一定种类或数量的产品而发生的费用。

（2）成本与企业特定资产或劳务相关，而费用则与特定会计期间相关。成本与一定种类和数量的产品或某一劳务相联系，而不论发生在哪一个会计期间。费用是资产的耗费，它与一定的会计期间相联系，而与生产哪一种产品或完成某一劳务无直接关系。

（3）成本往往与一定的对象联系，实质上是某种资产转变为另一种资产。从某一个会计期间看，成本不一定等于当期计入费用的营业成本，只有已销售并确认收入的商品成本和已完成并确认收入的劳务成本，才能计入当期费用。因此，成本不能抵减收入，只能以资产的形式反映在资产负债表中，而费用则必须冲减当期的收入反映在利润表中。

【例题 1-1】某船厂 2024 年 8 月份生产 A 轮船和 B 轮船各 3 艘；A 轮船当月全部完工，并已销售 2 艘；B 轮船当月全部未完工。该厂 8 月份发生的相关费用如表 1-1 所示。

表 1-1　2024 年 8 月份费用情况表

金额单位：元

项　目	A 轮船	B 轮船	期间费用	合　计
产品领用材料	100 000	150 000		250 000
生产工人工资	16 000	32 000		48 000
生产车间费用	4 000	18 000		22 000
税金及附加			10 000	10 000
销售费用			25 000	25 000
管理费用			50 000	50 000
财务费用			5 000	5 000
合　计	120 000	200 000	90 000	410 000

根据资料计算如下：

支出总额＝410 000（元）

生产费用＝120 000+200 000＝320 000（元）

期末在产品（B 轮船）成本＝200 000（元）

完工产品（A 轮船）总成本＝120 000（元）

完工产品（A 轮船）单位成本＝120 000÷3＝40 000（元）

库存商品（A 轮船）成本＝40 000×1＝40 000（元）

营业成本（已销 A 轮船成本）＝40 000×2＝80 000（元）

费用＝80 000+10 000+25 000+50 000+5 000＝170 000（元）

从以上计算结果可知，当月发生的生产费用为 320 000 元，其中，B 轮船生产未完工，其所发生的生产费用 200 000 元形成了期末在产品成本；A 轮船生产全部完工，其所发生的生产费用 120 000 元形成产成品成本，其中 1 艘未销售，其成本 40 000 元形成库存商品成本，2 艘已销售，其成本 80 000 元形成营业成本；期末在产品成本 200 000 元和库存商品成本40 000元形成了资产（存货）；营业成本 80 000 元、税金及附加 10 000 元、期间费用 80 000元（25 000+50 000+5 000）构成了当期费用。

任务二　了解成本会计的对象和职能

一、认知成本会计对象

成本会计是会计的一个重要分支，是以成本为对象的一种专业会计。

成本会计对象指的是成本会计核算和监督的内容。不同的企业、不同的经济活动，成本的内涵不同，成本会计对象的内容也不同。如生产一批产品、提供一项服务、完成一项设计、建造一栋楼房等，由于生产经营活动不同，其成本的内容也不同。

产品制造企业是典型的物质生产部门，是社会商品的主要生产者。产品制造企业的生产经营过程可以划分为供应、生产和销售三个阶段。其中，生产过程是中心环节。产品生产过程中耗费的材料成本、人工费用和制造费用等，构成了产品的生产成本；企业为组织和管理生产经营活动而发生的销售费用、管理费用和财务费用，构成了期间费用。可见，产品制造企业的成本会计的对象概括为：企业生产经营过程中发生的产品生产成本和期间费用，分别简称成本、费用。因此，成本会计实际上是成本、费用会计。

二、了解成本会计的职能

成本会计的职能，是指成本会计作为一种经济管理活动，在生产经营过程中所能发挥的作用。现代成本会计的主要职能可以概况为反映职能和监督职能。具体来说，现代成本会计的职能主要包括成本预测、成本决策、成本计划、成本控制、成本核算、成本分析和成本考核。其中，反映职能主要是通过成本核算职能完成的，通过成本核算提供的资料，可以反映成本计划的完成情况，为成本分析和成本考核提供依据，为今后的成本预测、成本决策、成本计划和成本控制提供参考。

本书主要介绍具有典型代表的产品制造企业的产品生产成本核算方法。

任务三　了解产品成本核算的基本要求

一、了解产品成本核算的意义

产品成本核算是指将企业在生产经营过程中发生的各种耗费按照一定的对象进行归集和分配，以计算产品生产的总成本和单位成本。

产品成本核算通常以会计核算为基础。进行产品成本核算，首先审核生产经营管理费用，看其是否发生，是否应当发生，已发生的是否应当计入产品成本，实现对生产经营管理费用和产品成本的管理和控制。其次，对已发生的费用按照用途进行分配和归集，计算各种产品的总成本和单位成本，为成本管理提供真实的成本资料。

产品成本核算是企业会计十分重要的工作环节，产品成本核算正确与否，直接影响企业损益计算、定价决策和生产经营决策的正确性，因此，为了正确核算产品生产成本，在成本核算过程中，应该遵循以下基本要求。

二、明确成本开支范围

成本开支范围，是由国家依据企业生产经营过程中所发生费用的不同性质，根据成本的内容和加强经济核算的要求，对计入产品成本的各项支出的内容所做的统一规定。按现行制度规定，应该计入成本的包括下列各项：

（1）产品生产过程中实际消耗的原材料、辅助材料、外购半成品、燃料、动力、包装物等物料的实际成本。

（2）企业直接从事产品生产人员的职工薪酬。

（3）车间房屋建筑物和机器设备的折旧费、租赁费、修理费等。

（4）产品生产过程中使用的低值易耗品、无形资产的摊销费等。

（5）产品生产过程中发生的各种制造费用。

（6）与产品生产有关的应计入产品生产成本的其他费用。

企业发生下列费用，不应计入成本：

（1）企业为组织、管理生产经营活动所发生的管理费用、财务费用、销售费用。

（2）购置和建造固定资产的支出、购入无形资产和其他长期资产的支出。

（3）企业对外投资以及分配给投资者的利润。

（4）被没收的财物以及违反法律而支付的各项滞纳金、罚款以及企业赞助、捐赠的支出。

（5）在公积金、公益金中开支的支出。

（6）国家规定不得列入成本的其他支出。

三、正确划分成本、费用界限

为了正确计算产品生产成本，应该正确划分生产过程中的各种成本、费用界限。

1. 正确划分生产性支出与非生产性支出的界限

生产性支出是指为生产产品或提供劳务而发生的支出。只有生产性支出才能计入产品生产成本，非生产性支出如资本性支出、营业外支出等不能计入成本或费用。

2. 正确划分生产成本与期间费用的界限

生产成本是指企业为制造产品而发生的直接材料、直接工资和制造费用。企业发生的管理费用、财务费用、销售费用应该计入当期损益，而不应计入产品成本。

3. 正确划分各个会计期间的费用界限

企业发生的费用，有的应计入当期产品成本，有的则应计入以后各期产品成本。应该按照权责发生制的原则，正确划分和确认各个会计期间的费用界限。

4. 正确划分各种产品的费用界限

企业同时生产多种产品，应该按照各种产品的实际耗费归集各种产品的生产成本，凡能直接计入的，应该直接计入各种产品的生产成本；共同耗用的应该通过一定的方法分配计入各种产品的生产成本。

5. 正确划分完工产品与在产品的费用界限

会计期末，各产品所归集的生产成本，则为该产品的成本总额，如果产品全部完工，该成本总额即为完工产品的总成本，如果部分完工，应该采用一定的方法，将该成本总额在完工产品成本和期末在产品成本之间进行分配，以确定完工产品的成本。

任务四　了解产品成本核算程序及核算方法

产品成本核算的过程，是生产费用归集和分配的过程，是根据生产费用的分类和生产成本核算的要求，按照成本核算对象将生产费用对象化，以计算各种产品的生产成本。

一、了解成本核算的账户设置

小型制造企业产品成本核算主要通过“生产成本”和“制造费用”科目进行。

“生产成本”：本科目核算小企业进行工业性生产发生的各项生产费用，包括生产各种产品（产成品、自制半成品等)、自制材料、自制工具、自制设备等。

“生产成本”科目可按基本生产成本和辅助生产成本进行明细核算。基本生产成本应当分别按照基本生产车间和成本核算对象（产品的品种、类别、订单、批别、生产阶段等）设置明细账（或成本计算单，下同)，并按照规定的成本项目设置专栏。

“制造费用”：本科目核算小企业生产车间（部门）为生产产品和提供劳务而发生的各项间接费用。

“制造费用”科目可按不同的生产车间、部门和费用项目进行明细核算。

二、了解产品成本核算的一般程序

1. 确定成本核算对象

确定成本核算对象是产品成本核算的前提。成本核算对象，是指核算产品成本过程中，确定归集与分配生产费用的承担客体。通俗地讲，你想计算“谁”的成本，“谁”就是成本核算对象。比如，生产办公桌椅，可以计算生产一套办公桌椅的成本，也可以分别计算办公桌和办公椅的成本。如果计算一套办公桌椅的成本，那么，“办公桌椅（套）”就是成本核算对象，即一个对象；假如需要分别计算办公桌和办公椅的成本，那么，“办公桌（张）”和“办公椅（张）”就分别是成本核算对象，即两个对象。

为了正确核算产品成本，首先要确定成本核算对象，以便按照每个成本核算对象，分别设置产品成本明细账，以归集各个对象所发生的生产费用，计算出各对象的总成本和单位成本。因此，正确确定成本核算对象，是保证成本核算质量的关键。

企业应当根据生产经营的特点和管理要求，确定成本核算对象，归集产品成本费用，计算产品的生产成本。

按照《企业产品成本核算制度（试行）》的规定，制造企业一般按照产品品种、批次订单或生产步骤等确定产品成本核算对象。

（1）大量大批单步骤生产产品或管理上不要求提供有关生产步骤成本信息的，一般按照产品品种确定成本核算对象。

（2）小批单件生产产品的，一般按照每批或每件产品确定成本核算对象。

（3）多步骤连续加工产品且管理上要求提供有关生产步骤成本信息的，一般按照每种（批）产品及各生产步骤确定成本核算对象。

产品规格繁多的，可以将产品结构、耗用原材料和工艺过程基本相同的产品，适当合并作为成本核算对象。

2. 确定成本项目

成本项目是指从生产费用的具体用途出发，将各个成本核算对象的生产费用划分为若干个项目。划分成本项目的目的，就是了解各成本核算对象的成本构成，如生产一张办公桌，需要用多少木料、零配件等材料费用、需要支付多少人工费用、需要支付多少制造费用等。成本项目是生产费用要素按其使用用途的重新组合，按照《企业产品成本核算制度（试行）》的规定，制造企业一般设置直接材料、燃料和动力、直接人工和制造费用等成本项目。

直接材料，是指构成产品实体的原材料以及有助于产品形成的主要材料和辅助材料。

燃料和动力，是指直接用于产品生产的燃料和动力。燃料和动力比重较小的，可以不单独设置该项目，实际发生的燃料和动力费用，直接计入制造费用项目。

直接人工，是指直接从事产品生产工人的职工薪酬。

制造费用，是指企业为生产产品和提供劳务而发生的各项间接费用，包括企业生产部门（如生产车间）发生的水电费、固定资产折旧、无形资产摊销、管理人员的职工薪酬、劳动保护费、国家规定的有关环保费用、季节性和修理期间的停工损失等。

3. 归集产品生产成本

在确定成本核算对象和成本项目的基础上，根据本期发生的各项费用，将应计入产品成本的各项费用，按照受益对象直接计入或分配计入各个成本核算对象，以便归集和计算各个成本核算对象的总成本和单位成本。对于应计入产品生产成本但由多种产品共同受益的费用，如为多个部门提供服务的辅助生产车间的费用，应先通过辅助生产成本进行归集，于月末按受益对象进行分配计入相关的成本、费用；对于基本生产车间的公共费用，应先通过制造费用进行归集，于月末按受益对象进行分配计入各个成本核算对象。

4. 分配辅助生产成本

期末，将归集的辅助生产成本按其受益对象计入或分配计入各个成本核算对象或制造费用、管理费用等。

5. 分配制造费用

期末，将归集的制造费用按其受益对象计入或分配计入各个成本核算对象。

6. 计算和结转完工产品成本

期末，按照成本核算对象归集的生产成本，即为该产品生产的总成本，如果产品全部完工，该总成本即为完工产品总成本；如果有期末在产品，应将归集的生产成本按一定的方法在完工产品与期末在产品之间进行分配，计算完工产品成本和单位成本。

完工产品成本确定后，应将其从“生产成本”转入“库存商品”。

综上所述，以生产 A、B 两种产品为例，成本核算的一般程序如图 1-2 所示。

小提示

图 1-2 的说明如下。

产品成本核算首先要确定成本核算对象，以上 A 产品和 B 产品则为成本核算对象，产品成本核算的目的，就是将应计入产品生产成本的费用支出，最终分别计入 A 产品和 B 产品的生产成本，以分别计算 A 产品和 B 产品的生产成本。产品成本核算的基本过程如下：

① 根据与生产成本有关的经济业务（如领用材料、分配职工薪酬、支付相关费用、分配相关费用等）按照受益对象直接计入或分配计入“生产成本”（各个成本核算对象）、辅助生产成本、制造费用以及销售费用、管理费用等期间费用。

②将归集的“辅助生产成本”按照受益对象分配计入“生产成本”（各个成本核算对象）、制造费用以及销售费用、管理费用等期间费用。

③将归集的“制造费用”按照受益对象分配计入“生产成本”（各个成本核算对象）。

④将归集的各个成本核算对象的“生产成本”在完工产品与期末在产品之间进行分配，计算完工产品成本，并将完工产品成本从“生产成本”转入“库存商品”。

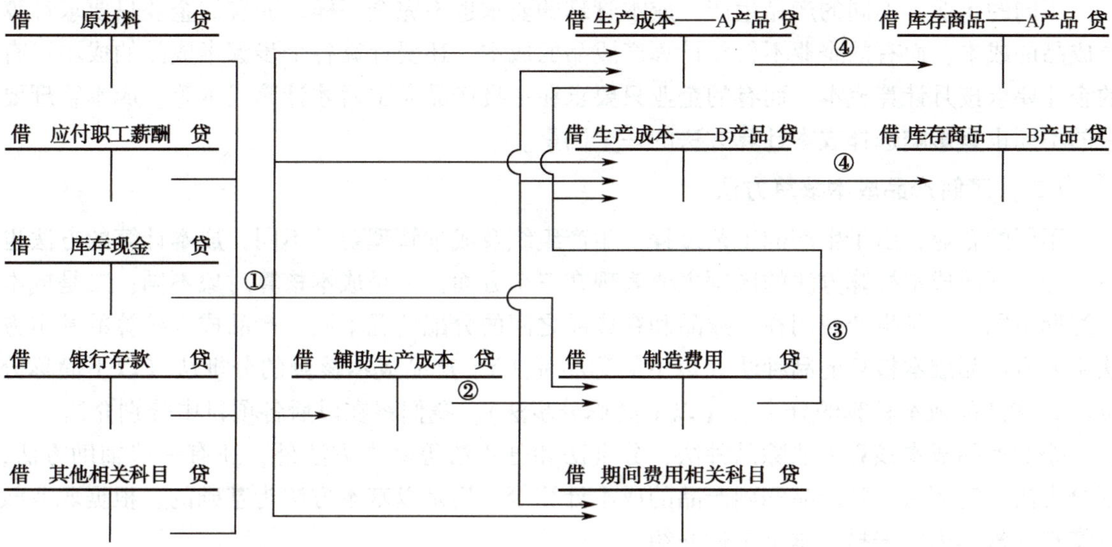

图 1-2 成本核算的一般程序

三、了解产品成本核算的基本方法

不同的企业、不同的生产类型，其生产工艺过程和生产组织不同，对产品成本核算的具体方法也不同。

（一）了解企业生产类型

按生产工艺过程和生产组织的不同，生产类型可以分为以下几种。

1. 按生产工艺过程的特点分类

按生产工艺过程的特点可分为单步骤生产和多步骤生产。

单步骤生产，也称简单生产，是指生产技术上不间断、不分步骤的生产。如发电、熔铸、采掘工业等。

多步骤生产也称复杂生产，是指技术上可以间断、由若干步骤组成的生产。如果这些步骤按顺序进行，不能并存，不能颠倒，要到最后一个步骤完成才能生产出产成品，这种生产就称连续式复杂生产。如纺织、冶金、造纸等。如果这些步骤不存在时间上的继起性，可以同时进行，每个步骤生产出不同的零配件，然后再经过组装成为产成品，这种生产就称装配式复杂生产。如机械、电器、船舶等。

2. 按生产组织的特点分类

按生产组织的特点可分为大量生产、成批生产和单件生产。

大量生产是指连续不断重复地生产同一品种和规格产品的生产。这种生产一般品种比较少，生产比较稳定。如发电、采煤、冶金等。大量生产的产品需求一般单一稳定，需求数量大。

成批生产是指预先确定批别和有限数量进行的生产。这类生产的特点是品种或规格比较多，而且是成批轮番地组织生产。这种生产组织是现代企业生产的主要形式。

单件生产是根据订单，按每件产品来组织生产。这种生产组织形式并不多见。主要适用于一些大型而复杂的产品。如重型机械、造船、专用设备等。

不同的企业，不同的产品生产，成本管理的要求也不完全一样。如有的企业只要求计算产成品的成本，而有的企业不仅要计算产成品的成本，还要计算各个步骤半成品的成本；有的企业要求按月计算成本，而有的企业只要求在一批产品完工后才计算成本等。成本管理要求的不同也是影响选择成本计算方法的一个因素。

（二）了解产品成本核算方法

不同的企业，由于生产的工艺过程、生产组织及成本管理要求不同，成本计算的方法也不一样。不同成本核算方法的区别主要表现在三个方面：一是成本核算对象不同；二是成本计算期不同；三是生产费用在产成品和在成品之间的分配情况不同。产品成本核算的基本方法主要有产品成本核算的品种法（以下简称品种法）、产品成本核算的分批法（以下简称分批法）和产品成本核算的分步法（以下简称分步法）。我们将在以后各项目中分别介绍。

企业产品成本核算方法除品种法、分批法和分步法等基本方法外，还有一些辅助方法，如分类法、定额法、联产品和副产品的成本计算等，均是以基本方法为基础的，根据职业教育特点和教学内容安排，本书不做介绍。

对一个企业来讲，要计算企业的产品成本，要根据生产特点和生产组织方式选择采用一种最适当的成本计算方法，但这一种成本计算方法并不一定能满足该企业成本计算和成本管理的全部需要。企业的情况错综复杂，要全面考虑具体企业的生产特点和生产步骤，根据企业的规模和水平，科学合理地安排成本计算程序和方法，把各种成本计算方法结合运用，达到最佳的成本计算和最优的成本控制。

项目三

品种法

任务一　了解品种法的含义、特点及适用范围

一、了解品种法的含义

品种法是指以产品品种为成本核算对象进行归集生产费用、计算产品成本的一种成本核算方法。品种法是成本核算方法中最基本的方法，其他各种方法均以品种法的核算方法为基础。

二、了解品种法的特点

1. 以产品品种作为成本核算对象

在品种法下，以生产产品的品种作为成本核算对象，按照每一产品品种设置生产成本明细账，用以归集为生产该品种产品所发生的各项费用，最终计算各种产品的生产成本。

2. 以月为成本计算期

在品种法下，产品生产一般是大量大批生产，生产周期难以确定，产品成本计算一般以月为成本计算期，于月末计算产品成本，并将生产成本在完工产品和在产品之间进行分配，以便计算和结转完工产品的成本。

三、了解品种法的适用范围

品种法主要适用于大量大批单步骤产品生产和大量大批多步骤产品生产，但管理上不要求分步骤计算产品成本的产品生产。

任务二　了解品种法成本核算的基本程序

品种法成本核算的基本程序如下。

一、确定成本核算对象和成本项目

1. 确定成本核算对象

在品种法下，一般以生产产品的品种或品名规格作为成本核算对象，分别设置产品成本明细账（或成本计算单，下同），归集和分配各种产品的生产成本。

2. 确定成本项目

在品种法下，成本项目一般分为直接材料、直接人工和制造费用三个项目。企业可以根据生产特点、各种费用支出的比重及成本管理和核算的要求，增设“燃料和动力”等成本项目。

二、设置生产成本明细账

在确定成本核算对象和成本项目的基础上，应根据成本核算对象开设生产成本（基本生产成本）明细账（以下简称“基本生产成本明细账”），用以归集各种产品的生产成本；按照基本生产车间设置制造费用明细账，用以归集和分配基本生产车间各种间接的生产费用；按照辅助生产车间设置生产成本（辅助生产成本）明细账（以下简称“辅助生产成本明细账”），用以归集和分配辅助生产车间的生产费用。

三、归集和分配生产费用

根据基本生产成本明细账、辅助生产成本明细账、制造费用明细账进行归集和分配生产费用，包括归集和分配各种要素费用、辅助生产费用和制造费用。

四、计算和结转完工产品成本

根据基本生产成本明细账和各种产品的产量情况，计算各种产品成本，包括生产费用在完工产品与在产品之间的分配、计算完工产品总成本和单位成本、结转完工产品成本。

本项目以小型制造企业为例，介绍品种法成本核算的操作步骤和核算方法。

【企业背景】 南华市育才家具有限公司是专业生产学生课桌和课椅的小型企业，为增值税一般纳税人。企业内设基本生产车间和机修车间（辅助生产车间），年产量约 100 000 套。产品样式如图 2-1 所示。

图 2-1　课桌、课椅产品样式

小提示

本书及配套实训手册中的“南华市”是一个假设的全国直辖市，相关地址、印章等均按全国直辖市进行设计。

小提示

各种产品生产使用的主要材料如下。

课桌：
①多层胶合板 1 575mm×1 381mm（简称 1 575mm 胶合板）
②钢管 2.5mm×30mm（简称 2.5mm 钢管）
③钢板 1.2mm×1 000mm（简称 1.2mm 钢板）
④其他辅助材料

课椅：
①多层胶合板 1 200mm×786mm（简称 1 200mm 胶合板）
②钢管 2.5mm×30mm（简称 2.5mm 钢管）
③其他辅助材料

任务三 掌握品种法成本核算步骤和方法

一、确定成本核算对象和成本项目

在品种法下，一般以生产产品的品种或品名规格作为成本核算对象，并根据企业产品生产特点和管理要求，正确确定成本核算对象和成本项目。

【例题 2-1】

【经济业务内容】确定成本核算对象和成本项目。

【情景】南华市育才家具有限公司背景资料。

【分析】

南华市育才家具有限公司是专业生产学生课桌和课椅的小型企业，属于大量大批单步骤生产，确定采用品种法进行产品成本核算。根据南华市育才家具有限公司的实际情况，可以分别以课桌、课椅为成本核算对象，下设直接材料、直接人工和制造费用三个成本项目。

二、设置相关成本明细账

为了正确核算产品的生产成本，企业应根据成本核算对象、成本计算程序和管理要求，开设相关成本明细账，以便正确核算产品生产成本。

【例题 2-2】

【经济业务内容】设置生产成本明细账。

【情景】接【例题 2-1】，假如南华市育才家具有限公司 2024 年 1 月期初在产品成本如表 2-1 所示，请根据南华市育才家具有限公司期初在产品成本情况，开设相关成本明细账。

表 2-1 2024 年 1 月期初在产品成本

金额单位：元

产品名称	直接材料	直接人工	制造费用	合 计
课桌	48 600.00	9 600.00	4 301.00	62 501.00
课椅	83 400.00	7 900.00	4 034.00	95 334.00
合 计	132 000.00	17 500.00	8 335.00	157 835.00

【分析】

根据南华市育才家具有限公司的实际情况，应该设置以下成本明细账：按照成本核算对象开设“基本生产成本明细账（课桌）”和“基本生产成本明细账（课椅）”，分别用以归集和分配课桌、课椅的生产成本；按照辅助生产车间开设“辅助生产成本明细账（机修车间）”，用以归集和分配机修车间的生产费用；按照基本生产车间开设“制造费用明细账（基本生产车间）”，用以归集和分配基本生产车间各种间接的生产费用。

小提示

在实际工作中，如果生产产品（成本核算对象）较多，可以设置“生产成本（基本生产成本）”二级成本明细账；如果辅助生产部门较多，可以设置“生产成本（辅助生产成本）”二级成本明细账。本案例基本生产成本只有课桌、课椅两个成本核算对象，辅助生产只有机修一个车间，可以不设二级明细账。为简便起见，案例中“基本生产成本明细账”和“辅助生产成本明细账”的账簿名称也分别简写为“基本生产成本明细账”和“辅助生产成本明细账”。

【操作过程】

根据以上2024年1月期初在产品成本开设的生产成本、制造费用明细账如图2-2～图2-5所示（为了简便起见，本教材中的基本生产成本明细账、辅助生产成本明细账和制造费用明细账均使用简化格式）。

基本生产成本 明细账

产品名称：课桌　　　　总第____页 分第____页

2024年		记账凭证		摘要	成本项目				
月	日	字	号		合计	直接材料	直接人工	制造费用	
1	1			上年结转	62 501.00	48 600.00	9 600.00	4 301.00	

图2-2　基本生产成本明细账

基本生产成本 明细账

产品名称：课椅　　　　总第____页 分第____页

2024年		记账凭证		摘要	成本项目				
月	日	字	号		合计	直接材料	直接人工	制造费用	
1	1			上年结转	95 334.00	83 400.00	7 900.00	4 034.00	

图2-3　基本生产成本明细账

辅助生产成本 明细账

户　名：机修车间　　　　　　　　　　　　　　　　　　　　　　　　总第____页 分第____页

2024年		记账凭证		摘要	费用项目					
月	日	字	号		合计	职工薪酬	折旧费	材料费	其他	

图 2-4　辅助生产成本明细账

制造费用 明细账

户　名：基本生产车间　　　　　　　　　　　　　　　　　　　　　　总第____页 分第____页

2024年		记账凭证		摘要	费用项目					
月	日	字	号		合计	职工薪酬	折旧费	水电费	材料费	其他

图 2-5　制造费用明细账

小提示

以上图 2-2～图 2-5 中各项目数据关系：合计（栏）金额=该行各费用项目金额之和。如图 2-2“生产成本——课桌”中，合计=直接材料+直接人工+制造费用，即：62 501=48 600+9 600+4 301

三、归集和分配材料费用

材料费用是指产品生产过程中耗用的、构成产品实体或有助于产品形成的各种物资的货币表现，包括产品生产过程中耗用的原材料及主要材料、辅助材料、外购半成品、修理备用件、包装材料、燃料等材料费用。

材料费用的归集和分配就是将发出的材料按照受益对象计入相关成本、费用的过程（材料发出的计价方法包括实际成本法和计划成本法，具体方法已在“企业财务会计”课程中介绍，这里不再赘述）。

按照《企业产品成本核算制度（试行）》规定，制造企业发生的直接材料，能够直接计入成本核算对象的，应当直接计入成本核算对象的生产成本，否则应当按照合理的分配标准分配计入。

（一）材料费用直接计入相关成本、费用

企业发出材料，按其领用部门和经济用途，凡能直接确定具体归属、受益对象的材料费用，如某种产品（成本核算对象）生产耗用、管理部门一般耗用、车间一般耗用等，应该直接计入相关成本、费用。

【例题 2-3】

【经济业务内容】领用材料。

【情景】2024 年 1 月 31 日，会计员收到领料单（见图 2-6~图 2-10）。请根据领料单编制记账凭证（假如企业此前记账凭证编号已编至记字 80 号，下面从记字 81 号编起）。

领　料　单

基本生产车间

生产单号　　　2024 年 1 月 1 日　　　No:2004536

制品名称 课桌　　　制品数量 7 000　　　制品用途 主要材料

南华市育才家具有限公司 供应专用章

编号	品名	规格	计量单位	单价	请领数量	实发数量	金额
	胶合板	1 575mm×1 381mm	张	85	780	780	66 300.00
	钢板	1.2mm×1 000mm	吨	4 600	18	18	82 800.00
	辅助材料		元		42 000	42 000	42 000.00
附件　张					合计		191 100.00

第三联：财务记账

主管 文雪　　发料 董春　　领料 张家华　　制单 阮丽婷

图 2-6　领料单

领　料　单

基本生产车间

生产单号　　　2024 年 1 月 1 日　　　No:2004537

制品名称 课椅　　　制品数量 6 000　　　制品用途 主要材料

南华市育才家具有限公司 供应专用章

编号	品名	规格	计量单位	单价	请领数量	实发数量	金额
	胶合板	1 200mm×786mm	张	55	1 100	1 100	60 500.00
	辅助材料		元		30 000	30 000	30 000.00
附件　张					合计		90 500.00

第三联：财务记账

主管 文雪　　发料 董春　　领料 张家华　　制单 阮丽婷

图 2-7　领料单

领 料 单

领料部门 基本生产车间

生产单号

2024 年 1 月 6 日　　No:2004538

制品名称　　制品数量　　制品用途 一般耗用

编　号	品　名	规　格	计量单位	单　价	请领数量	实发数量	金　额
	钢管	2.2mm×28mm	吨	4 800	0.5	0.5	2 400.00
	钢板	1.2mm×1 000mm	吨	4 600	0.5	0.5	2 300.00
	辅助材料		元		1 200	1 200	1 200.00
附件　张					合　计		5 900.00

第三联：财务记账

主管 文雷　　发料 董春　　领料 张家华　　制单 阮丽婷

图 2-8　领料单

领 料 单

领料部门 后勤部

生产单号

2024 年 1 月 12 日　　No:2004539

制品名称　　制品数量　　制品用途 设备维修

编　号	品　名	规　格	计量单位	单　价	请领数量	实发数量	金　额
	辅助材料		元		1 200	1 200	1 200.00
附件　张					合　计		1 200.00

第三联：财务记账

主管 文雷　　发料 董春　　领料 许利宏　　制单 阮丽婷

图 2-9　领料单

领 料 单

领料部门 机修车间

生产单号

2024 年 1 月 13 日　　No:2004540

制品名称　　制品数量　　制品用途 维修耗用

编　号	品　名	规　格	计量单位	单　价	请领数量	实发数量	金　额
	钢管	2.2mm×28mm	吨	4 800	0.5	0.5	2 400.00
	钢板	1.2mm×1 000mm	吨	4 600	1.0	1.0	4 600.00
	辅助材料		元		8 000	8 000	8 000.00
附件　张					合　计		15 000.00

第三联：财务记账

主管 文雷　　发料 董春　　领料 华晓刚　　制单 阮丽婷

图 2-10　领料单

【分析】

以上领料单的领用部门、材料用途清楚，受益对象具体、明确，应该按受益对象直接计入相关成本、费用，其中基本生产车间领用于课桌、课椅生产的，直接计入课桌、课椅的生产成本，基本生产车间领用于一般耗用的，直接计入制造费用，机修车间领用于维修耗用的，直接计入辅助生产成本，后勤部门领用于办公设备维修的，直接计入管理费用。

【账务处理过程】

根据以上领料单编制记账凭证（见图 2-11～图 2-15）。

记 账 凭 证

2024年 1 月 31 日　　　　记 字 81 号

摘　要	总账科目	明细科目	借方金额										√	贷方金额										√
			千	百	十	万	千	百	十	元	角	分		千	百	十	万	千	百	十	元	角	分	
生产领用材料	生产成本	基本生产成本（课桌）			1	9	1	1	0	0	0	0												
	原材料	1575mm胶合板															6	6	3	0	0	0	0	
	原材料	1.2mm钢板															8	2	8	0	0	0	0	
	原材料	辅助材料															4	2	0	0	0	0	0	
合　计				¥	1	9	1	1	0	0	0	0			¥	1	9	1	1	0	0	0	0	

附件 1 张

会计主管：郑建雄　　记账：　　复核：凌华丽　　制单：李莉

图 2-11　记账凭证

记 账 凭 证

2024年 1 月 31 日　　　　记 字 82 号

摘　要	总账科目	明细科目	借方金额										√	贷方金额										√
			千	百	十	万	千	百	十	元	角	分		千	百	十	万	千	百	十	元	角	分	
生产领用材料	生产成本	基本生产成本（课椅）				9	0	5	0	0	0	0												
	原材料	1200mm胶合板															6	0	5	0	0	0	0	
	原材料	辅助材料															3	0	0	0	0	0	0	
合　计					¥	9	0	5	0	0	0	0				¥	9	0	5	0	0	0	0	

附件 1 张

会计主管：郑建雄　　记账：　　复核：凌华丽　　制单：李莉

图 2-12　记账凭证

记账凭证

2024 年 1 月 31 日　　　　记 字 83 号

摘要	总账科目	明细科目	借方金额										√	贷方金额										√
			千	百	十	万	千	百	十	元	角	分		千	百	十	万	千	百	十	元	角	分	
基本生产车	制造费用	基本生产车间					5	9	0	0	0	0												
间领用材料	原材料	2.5mm钢管																2	4	0	0	0	0	
	原材料	1.2mm钢板																2	3	0	0	0	0	
	原材料	辅助材料																1	2	0	0	0	0	
合计						¥	5	9	0	0	0	0					¥	5	9	0	0	0	0	

附件 1 张

会计主管：郑建雄　　记账：　　复核：凌华丽　　制单：李莉

图 2-13　记账凭证

记账凭证

2024 年 1 月 31 日　　　　记 字 84 号

摘要	总账科目	明细科目	借方金额										√	贷方金额										√
			千	百	十	万	千	百	十	元	角	分		千	百	十	万	千	百	十	元	角	分	
办公设备维	管理费用	修理费					1	2	0	0	0	0												
修领用材料	原材料	辅助材料																1	2	0	0	0	0	
合计						¥	1	2	0	0	0	0					¥	1	2	0	0	0	0	

附件 1 张

会计主管：郑建雄　　记账：　　复核：凌华丽　　制单：李莉

图 2-14　记账凭证

记 账 凭 证

2024年 1 月 31 日　　　　记 字 85 号

摘要	总账科目	明细科目	借方金额										√	贷方金额										√
			千	百	十	万	千	百	十	元	角	分		千	百	十	万	千	百	十	元	角	分	
基本生产车间领用材料	生产成本	辅助生产成本（机修车间）				1	5	0	0	0	0	0												
	原材料	2.5mm钢管																2	4	0	0	0	0	
	原材料	1.2mm钢板																4	6	0	0	0	0	
	原材料	辅助材料																8	0	0	0	0	0	
合计					¥	1	5	0	0	0	0	0				¥	1	5	0	0	0	0	0	

附件 1 张

会计主管：郑建雄　　记账：　　复核：凌华丽　　制单：李莉

图 2-15　记账凭证

小提示

在实际工作中，如果明细科目级别较多，在记账凭证中可以只反映到二级明细科目，在登记明细账簿时，根据记账凭证所附的原始凭证详细内容进行登记。

（二）材料费用分配计入相关成本、费用

企业发出材料，由两种或两种以上产品（成本核算对象）生产共同耗用的材料费用，应该根据受益对象按一定合理的分配标准分配计入各种产品的生产成本。常用的方法有消耗定额比例法和定额成本比例法等。

1. 消耗定额比例法

消耗定额比例法是指以受益产品的材料消耗定额为分配标准分配材料费用的方法。计算公式如下：

某产品材料定额消耗量=该产品产量×单位产品定额消耗量

材料费用分配率=材料费用总额÷各产品材料定额消耗量之和

某种产品应分配的材料费用=该产品的材料定额消耗量×材料费用分配率

2. 定额成本比例法

定额成本比例法是指以受益产品的原材料定额成本为分配标准分配材料费用的方法。计算公式如下：

某产品原材料定额成本=该产品产量×单位产品原材料定额成本

材料费用分配率=材料费用总额÷各产品原材料定额成本之和

某种产品应分配的材料费用=该产品的原材料定额成本×材料费用分配率

在实际工作中，还有系数比例法、产品产量比例法、产品重量比例法、产品体积比例法等一些方法，其计算原理基本相同，企业可以根据产品特点选择使用。

【例题 2-4】

【经济业务内容】生产领用材料。

【情景】2024 年 1 月 31 日，会计员收到领料单（见图 2-16）；课桌和课椅投产数量分别为 7 000 张和 6 000 张，课桌和课椅每单位钢管定额消耗量分别为 4 千克/张和 6 千克/张，请按照课桌和课椅的定额消耗量分配钢管的材料费用，并据以编制记账凭证。

领　料　单

领料部门 基本生产车间

2024 年 1 月 1 日　　No:2004535

生产单号

制品名称 课桌、课椅　　制品数量　　制品用途 主要材料

南华市育才家具有限公司 供应专用章

编　号	品　名	规　格	计量单位	单　价	请领数量	实发数量	金　额
	钢管	2.5mm×30mm	吨	4 800	63	63	302 400.00
附件　张					合　计		302 400.00

第三联：财务记账

主管 文雪　　发料 董春　　领料 张家华　　制单 阮丽婷

图 2-16　领料单

【分析】

以上领料单表明，基本生产车间领用钢管是由课桌和课椅生产共同耗用的，应将钢管材料费用按照课桌和课椅的定额消耗量比例分配计入课桌和课椅的生产成本。

【账务处理过程】

根据以上资料和消耗定额比例法计算公式编制的钢管材料费用分配表如表 2-2 所示；根据钢管材料费用分配表编制的记账凭证如图 2-17 所示。

表 2-2　钢管材料费用分配表

编制日期：2024 年 1 月 31 日　　金额单位：元

产品名称	计量单位	产　量	单位消耗定额（千克/张）	定额消耗量	分　配　率	分配金额
课桌	张	7 000	4	28 000	4.725	132 300
课椅	张	6 000	6	36 000	4.725	170 100
合　计				64 000		302 400

小提示

表 2-2 中部分数据的计算方法如下。

① 定额消耗量=单位消耗定额×产品产量

如：课桌定额消耗量=4×7 000=28 000（千克）

② 定额消耗总量（合计）=课桌定额消耗量+课椅定额消耗量

如：定额消耗总量（合计）＝28 000+36 000＝64 000（千克）

③ 分配率＝材料费用总额÷定额消耗量合计

如：分配率＝302 400÷64 000＝4.725

④ 分配金额＝定额消耗量×分配率

如：课桌分配金额＝28 000×4.725＝132 300（元）

记账凭证

2024年 1 月 31 日　　记 字 86 号

摘　要	总账科目	明细科目	借方金额（千百十万千百十元角分）	√	贷方金额（千百十万千百十元角分）	√
生产领用材料	生产成本	基本生产成本（课桌）	13230000			
	生产成本	基本生产成本（课椅）	17010000			
	原材料	2.5mm钢管			30240000	
合　计			¥30240000		¥30240000	

附件 2 张

会计主管：郑建雄　　记账：　　复核：凌华丽　　制单：李莉

图 2-17　记账凭证

小提示

在实际工作中，在领料次数频繁、领料单较多的情况下，为了简化工作，可以于月末根据领料单编制材料耗用汇总表，再根据材料耗用汇总表编制记账凭证。

假如该企业于月末一次性进行领料单的账务处理，2024 年 1 月 31 日，会计员根据【例题 2-2】、【例题 2-3】所示的领料单及表 2-2 编制的材料耗用汇总表如表 2-3 所示；根据材料耗用汇总表编制的记账凭证如图 2-18 和图 2-19 所示。

表 2-3　材料费用汇总表

编制日期：2024 年 1 月 31 日　　金额单位：元

品名、规格	计量单位	单价	课桌		课椅		基本生产车间		机修车间		管理部门		合计	
			数量	金额	数量	金额	数量	金额	数量	金额	数量	金额	数量	金额
1 575mm胶合板	张	85	780	66 300.00									780.00	66 300.00
1 200mm胶合板	张	55			1 100	60 500.00							1 100.00	60 500.00
2.5mm钢管	吨	4 800	27.5625	132 300.00	35.4375	170 100.00	0.5	2 400.00	0.5	2 400.00			64.00	307 200.00
1.2mm钢板	吨	4 600	18	82 800.00			0.5	2 300.00	1	4 600.00			19.50	89 700.00
辅助材料	元			42 000.00		30 000.00		1 200.00		8 000.00		1 200.00		82 400.00
合　计				323 400.00		260 600.00		5 900.00		15 000.00		1 200.00		606 100.00
附件张数	6		备　注											

主管：郑建雄　　复核：凌华丽　　会计：楼红宇　　制表：李莉

小提示

表 2-3 中部分数据的计算方法如下。

① 各产品、部门耗用材料费用金额（列）= 该产品、部门领用材料的单价×数量

如：课桌耗用钢板的费用金额 = 4 600×18 = 82 800（元）

② 各产品、部门耗用材料费用合计（行）= 该产品、部门耗用各种材料费用（列）之和

如：课桌耗用材料费用合计 = 66 300+132 300+82 800+42 000 = 323 400（元）

③ 各种材料耗用（发出）合计（列）= 各产品、部门领用该材料（行）之和

如：钢板耗用（发出）合计 = 82 800+2 300+4 600 = 89 700（元）

记账凭证

2024年 1 月 31 日　　　　记 字 81¹/₂ 号

摘要	总账科目	明细科目	借方金额										√	贷方金额										√
			千	百	十	万	千	百	十	元	角	分		千	百	十	万	千	百	十	元	角	分	
分配本月材	生产成本	基本生产成本（课桌）			3	2	3	4	0	0	0	0												
料费用	生产成本	基本生产成本（课椅）			2	6	0	6	0	0	0	0												
	生产成本	辅助生产成本（机修车间）				1	5	0	0	0	0	0												
	制造费用	基本生产车间					5	9	0	0	0	0												
	管理费用						1	2	0	0	0	0												
合计																								

附件 张

会计主管：郑建雄　　记账：　　复核：凌华丽　　制单：李莉

图 2-18　记账凭证

记账凭证

2024年 1 月 31 日　　　　记 字 81²/₂ 号

摘要	总账科目	明细科目	借方金额										√	贷方金额										√
			千	百	十	万	千	百	十	元	角	分		千	百	十	万	千	百	十	元	角	分	
分配本月材	原材料	1 575mm胶合板															6	6	3	0	0	0	0	
料费用	原材料	1 200mm胶合板															6	0	5	0	0	0	0	
	原材料	2.5mm钢管														3	0	7	2	0	0	0	0	
	原材料	1.2mm钢板															8	9	7	0	0	0	0	
	原材料	辅助材料															8	2	4	0	0	0	0	
合计				¥	6	0	6	1	0	0	0	0			¥	6	0	6	1	0	0	0	0	

附件 7 张

会计主管：郑建雄　　记账：　　复核：凌华丽　　制单：李莉

图 2-19　记账凭证

小提示

图2-18和图2-19中记账凭证的编制方法如下。

① 各成本、费用金额（借方），根据表2-3中该产品、部门的合计填列。

如："生产成本——课桌"根据表2-3中的"课桌"（列）的合计（323 400）填列。

② 各种材料发出合计（贷方），根据表2-3中该材料的合计填列。

如："原材料——钢板"根据表2-3中的"钢板"（行）的合计（89 700）填列。

简而言之，表2-3中各"列"的合计为"借方"，各"行"的合计为"贷方"。

消耗定额比例法是材料费用分配最常用、最基本的方法，其他方法如定额成本比例法、系数比例法、产品产量比例法、产品重量比例法、产品体积比例法的原理与消耗定额比例法基本相同。

四、归集和分配人工费用

人工费用是指企业应付给直接产品生产工人的劳动报酬，即应付职工薪酬，包括生产工人工资、津贴补贴、奖金、社会保险费、住房公积金、职工福利费、工会经费和职工教育经费等。

人工费用的归集和分配，就是将企业发生的应付职工薪酬，按照受益对象计入相关成本、费用的过程。

按照《企业产品成本核算制度（试行）》规定，制造企业发生的直接人工，能够直接计入成本核算对象的，应当直接计入成本核算对象的生产成本，否则，应当按照合理的分配标准分配计入。

1. 人工费用直接计入相关成本、费用

企业的应付职工薪酬，凡能直接确定具体归属、受益对象的，应该直接计入相关成本、费用，如某种产品（成本核算对象）生产工人薪酬应计入基本生产成本、管理部门人员职工薪酬应计入管理费用、销售部门人员职工薪酬应计入销售费用、车间管理人员职工薪酬应计入制造费用。

2. 人工费用分配计入相关成本、费用

企业应付直接生产工人的薪酬，由两种或两种以上产品（成本核算对象）生产共同负担的，应根据受益对象按一定合理的分配标准分配计入各种产品的生产成本。常用的分配方法是产品生产工时（实际或定额）比例法。

产品生产工时比例法是指以受益产品的生产工时（实际或定额）为分配标准分配人工费用的方法。计算公式如下：

人工费用分配率=人工费用总额÷各产品生产工时（实际或定额）之和

某种产品应分配的人工费用=该产品生产工时（实际或定额）×人工费用分配率

【例题2-5】

【经济业务内容】分配应付职工薪酬。

【情景】会计员根据2024年1月份应付职工薪酬情况编制的应付职工薪酬汇总表如表2-4所示，假如课桌和课椅生产工时定额分别为3 000工时和2 000工时。请按照生产工时定额比例法编制生产工人职工薪酬分配表，并根据应付职工薪酬汇总表和生产工人职工薪酬分配表编制记账凭证。

表 2-4　2024 年 1 月应付职工薪酬汇总表

编制日期：2024 年 1 月 31 日　　　　金额单位：元

部　门		应付工资	单位缴纳的社会保险费	单位缴纳的住房公积金	职工福利费	工会经费	职工教育经费	合　计
基本生产车间	生产工人	105 000.00	31 500.00	10 500.00	14 000.00	2 000.00	1 000.00	164 000.00
	管理人员	12 000.00	3 600.00	1 200.00	1 600.00	200.00	200.00	18 800.00
机修车间		15 000.00	4 500.00	1 500.00	2 000.00	300.00	300.00	23 600.00
销售人员		13 000.00	3 900.00	1 300.00	1 800.00	260.00	200.00	20 460.00
行政管理人员		42 000.00	12 600.00	4 200.00	5 800.00	800.00	600.00	66 000.00
合　计		187 000.00	56 100.00	18 700.00	25 200.00	3 560.00	2 300.00	292 860.00

小提示

表 2-4 中部分数据的计算方法如下。

①表中基本生产车间等部门应该负担的应付工资、单位缴纳的社会保险费等项目的金额，根据“应付职工薪酬”账户的本期发生额计算填列。

②应付工资、单位缴纳的社会保险费等项目的各栏金额合计 = 该车间、部门负担该项目费用（列）之和

如：应付工资合计 = 105 000+12 000+15 000+13 000+42 000 = 187 000（元）

③各车间、部门负担各项目费用合计（列）= 该车间、部门负担各项目费用（行）之和

如：“生产工人”薪酬合计 = 105 000+31 500+10 500+14 000+2 000+1 000 = 164 000（元）

④表中单位缴纳的社会保险费、住房公积金是按照应付工资和规定比例计算得出的；职工福利费、工会经费、职工教育经费是在国家规定的标准范围内进行的假设。在实际工作中，应该根据“应付职工薪酬”账户的明细账计算填列。

【分析】

在表 2-4 中，除基本生产车间生产工人薪酬外，其他部门人员薪酬的归属和受益对象具体、明确，应按受益对象直接计入相关成本、费用，其中基本生产车间管理人员薪酬，直接计入制造费用；机修车间人员薪酬，直接计入辅助生产成本，销售部门人员薪酬，直接计入销售费用；行政管理人员薪酬，直接计入管理费用。

基本生产车间生产工人是共同生产课桌和课椅两种产品的，应按照生产工时定额比例分配计入课桌和课椅的生产成本。

【账务处理过程】

根据基本生产车间生产工人薪酬和生产工时定额编制的生产工人职工薪酬分配表如表 2-5 所示；根据应付职工薪酬汇总表和生产工人职工薪酬分配表编制的记账凭证如图 2-20 和图 2-21 所示。

表 2-5　生产工人职工薪酬分配表

编制日期：2024 年 1 月 31 日　　　　　　　　　　　　　　　　　　　　金额单位：元

产品名称	生产工时定额	分　配　率	应分配金额
课桌	3 000.00	32.80	98 400.00
课椅	2 000.00	32.80	65 600.00
合　计	5 000.00		164 000.00

小提示

表 2-5 中部分数据计算方法如下。

① 应分配金额合计 164 000 元是根据表 2-4 中需要分配的生产工人负担的合计填列的。

② 生产工时定额合计=课桌生产工时定额+课椅生产工时定额

③ 分配率=应分配金额合计÷生产工时定额合计

如：表中分配率=164 000÷5 000=32. 80

④ 应分配金额（列）=生产工时定额×分配率

如：课桌应分配金额=3 000×32. 80=98 400（元）

记 账 凭 证

2024 年　1　月　31　日　　　　　　　　　　　　记　字　87 1/2　号

摘　要	总账科目	明细科目	借方金额 千	百	十	万	千	百	十	元	角	分	√	贷方金额 千	百	十	万	千	百	十	元	角	分	√
分配本月职工	生产成本	基本生产成本（课桌）				9	8	4	0	0	0	0												
薪酬	生产成本	基本生产成本（课椅）				6	5	6	0	0	0	0												
	生产成本	辅助生产成本（机修车间）				2	3	6	0	0	0	0												
	制造费用	基本生产车间				1	8	8	0	0	0	0												
	销售费用					2	0	4	6	0	0	0												
	合　计																							

附件　张

会计主管：郑建雄　　　　记账：　　　　复核：凌华丽　　　　制单：李莉

图 2-20　记账凭证

记 账 凭 证

2024年 1 月 31 日　　　　记 字 87 2/2 号

摘　要	总账科目	明细科目	借方金额 千	百	十	万	千	百	十	元	角	分	√	贷方金额 千	百	十	万	千	百	十	元	角	分	√
分配本月职工	管理费用					6	6	0	0	0	0	0												
薪酬	应付职工薪酬															2	9	2	8	6	0	0	0	
合　计				¥	2	9	2	8	6	0	0	0			¥	2	9	2	8	6	0	0	0	

附件 2 张

会计主管：郑建雄　　记账：　　复核：凌华丽　　制单：李莉

图 2-21　记账凭证

小提示

图 2-20 和图 2-21 记账凭证的编制方法如下。

① 生产成本课桌、课椅（借方）的金额，根据表 2-5 人工费用分配表中该产品应分配的金额填列。

如："生产成本——课桌"按照课桌"应分配金额"98 400 元填列。

② 其他各部门费用（借方），根据表 2-4 应付职工薪酬汇总表中的该部门的合计填列。

如："销售费用"按照销售人员该行的合计 20 460 元填列。

③ 应付职工薪酬（贷方），根据表 2-4 应付职工薪酬汇总表中的各薪酬项目合计数之和（合计）填列。

简而言之，表 2-4 中各"行"的合计为"借方"，各"列"的合计为"贷方"。

五、归集和分配外购动力费用

外购动力费用是指企业在生产经营管理过程中耗用的从外部购进的各种动力费用，如电力、热力等所支付的费用。

外购动力费用的归集和分配，就是将企业发生的外购动力费用，按照受益对象计入相关成本、费用的过程。

按照《企业产品成本核算制度（试行）》规定，制造企业外购燃料和动力的，应当根据实际耗用数量或者合理的分配标准对燃料和动力费用进行归集分配。生产部门直接用于生产的燃料和动力，直接计入生产成本；生产部门间接用于生产（如照明、取暖）的燃料和动力，计入制造费用。

1. 外购动力费用直接计入相关成本、费用

企业外购动力费用，凡能直接确定具体归属、受益对象的，如某种产品（成本核算对象）直接生产耗用、管理部门一般耗用、车间一般耗用等，应该直接计入相关成本、费用。

2. 外购动力费用分配计入相关成本、费用

企业外购动力费用，由两种或两种以上产品（成本核算对象）生产共同耗用的，应该根据受益对象按一定的分配标准分配计入各种产品的生产成本。常用的分配方法是机器工时（实际或定额）比例法和产品生产工时（实际或定额）比例法。

机器工时（实际或定额）比例法是指以受益产品的机器工时（实际或定额）为分配标准分配企业外购动力费用的方法。计算公式如下：

分配率=外购动力费用总额÷各产品机器工时（实际或定额）之和

某种产品应分配的外购动力费用=该产品机器工时（实际或定额）×分配率

产品生产工时比例法是指以受益产品的生产工时（实际或定额）为分配标准分配人工费用的方法。计算公式如下：

分配率=外购动力费用总额÷各产品生产工时（实际或定额）之和

某种产品应分配的外购动力费用=该产品生产工时（实际或定额）×分配率

【例题 2-6】

【经济业务内容】预提本月电费。

【情景】会计员收到后勤部门交来的 1 月份各部门电费耗用情况统计表（见表 2-6），课桌、课椅生产机器工时定额分别为 1 200 工时和 800 工时。请按照生产机器工时定额比例法编制产品生产外购动力费用分配表，并根据电费耗用情况统计表和外购动力费用分配表编制预提电费的记账凭证。

表 2-6　电费耗用情况统计表

编制日期：2024 年 1 月 31 日　　　　金额单位：元

部门或项目		计量单位	数　量	单　价	金　额
基本生产车间	直接产品生产耗用	千瓦·时	12 000	0.50	6 000.00
	车间一般耗用	千瓦·时	600	0.50	300.00
机修车间耗用		千瓦·时	3 600	0.50	1 800.00
行政管理部门耗用		千瓦·时	2 600	0.50	1 300.00
合　计			18 800		9 400.00

主管：郑建雄　　复核：凌华丽　　制表：李莉

小提示

表 2-6 中部分数据的计算方法如下。

① 表中各部门用电数量和单价是假设的，在实际工作中，可以根据各部门的电表抄写数据、填列实际单价或计划单价。

② 各部门电费金额=单价×数量

如：直接产品生产耗用（金额）=0.50×12 000=6 000（元）

③ 合计=各部门用电之和

如：金额合计=6 000+300+1 800+1 300=9 400（元）

【分析】

在表 2-6 中，除基本生产车间直接产品生产电费耗用外，其他部门电费耗用的归属和

受益对象具体、明确，应按受益对象直接计入相关成本、费用，其中基本生产车间一般电费耗用，直接计入制造费用；机修车间电费耗用，直接计入辅助生产成本；行政管理部门电费耗用，直接计入管理费用。

基本生产车间直接产品生产耗用是课桌和课椅生产共同耗用的，应按照机器工时定额比例分配计入课桌和课椅的生产成本。

【账务处理过程】

根据基本生产车间直接产品生产耗用和机器工时定额编制的外购动力费用分配表如表2-7所示；根据电费耗用情况统计表和外购动力费用分配表编制的预提电费记账凭证如图2-22和图2-23所示。

表2-7　外购动力费用分配表

编制日期：2024年1月31日　　　　金额单位：元

产品名称	机器工时定额	分　配　率	应分配金额
课桌	1 200.00	3.00	3 600.00
课椅	800.00	3.00	2 400.00
合　　计	2 000.00		6 000.00

小提示

表2-7中部分数据的计算方法如下。

① 应分配金额合计6 000元是根据表2-6中需要分配的直接产品生产耗用的合计填列

② 机器工时定额合计=课桌生产工时定额+课椅生产工时定额

③ 分配率=应分配金额合计÷机器工时定额合计

如：分配率=6 000÷2 000=3

④ 应分配金额（列）=机器工时定额×分配率

如：课桌应分配金额=1 200×3=3 600（元）

记 账 凭 证

2024年　1　月　31　日　　　　记　字　88 1/2　号

摘　要	总账科目	明细科目	借方金额（千百十万千百十元角分）	√	贷方金额（千百十万千百十元角分）	√
预提本月电费	生产成本	基本生产成本（课桌）	360000			
	生产成本	基本生产成本（课椅）	240000			
	生产成本	辅助生产成本（机修车间）	180000			
	制造费用	基本生产车间	30000			
	管理费用		130000			
	合　计					

附件　张

会计主管：郑建雄　　记账：　　复核：凌华丽　　制单：李莉

图2-22　记账凭证

记账凭证

2024年 1 月 31 日　　　　　　　　　　　　　记 字 88 2/2 号

摘　要	总账科目	明细科目	借方金额										√	贷方金额										√
			千	百	十	万	千	百	十	元	角	分		千	百	十	万	千	百	十	元	角	分	
预提本月电费	应付账款	电力公司																9	4	0	0	0	0	
合　计						¥	9	4	0	0	0	0					¥	9	4	0	0	0	0	

附件 1 张

会计主管：郑建雄　　记账：　　复核：凌华丽　　制单：李莉

图 2-23　记账凭证

小提示

图 2-22 和图 2-23 中部分数据的来源如下。

① 课桌和课椅费用（借方），根据表 2-7 外购动力费用分配表中该产品应分配的金额填列。

如："生产成本——课桌"按照课桌"应分配金额"3 600 元填列。

② 其他各部门费用（借方），根据表 2-6 电费耗用情况统计表中该部门的金额填列。

如："管理费用"按照行政管理部门耗用的金额 1 300 元填列。

③ 应付账款（贷方），根据表 2-6 电费耗用情况统计表中的金额合计填列。

六、归集和分配折旧费用

折旧费用是指企业按规定计提的、应计入相关成本、费用的固定资产折旧。固定资产折旧费，按照固定资产的使用部门归集，然后再与车间、部门的其他费用一起分配计入产品成本及期间费用。固定资产折旧费用的计算方法已在"企业财务会计"课程中介绍，此处不再赘述。

【例题 2-7】

【经济业务内容】计提固定资产折旧。

【情景】会计员根据 2024 年 1 月份固定资产使用情况及折旧标准编制的固定资产折旧计算表如表 2-8 所示。请根据固定资产折旧计算表编制计提固定资产折旧的记账凭证。

表 2-8 固定资产折旧计算表

编制日期：2024 年 1 月 31 日 金额单位：元

使用部门	固定资产类别	原始价值	月综合折旧率	合计金额
基本生产车间	厂房	600 000.00	0.45%	2 700.00
	设备	800 000.00	1.25%	10 000.00
	小　计	1 400 000.00		12 700.00
机修车间	厂房	400 000.00	0.45%	1 800.00
	设备	200 000.00	1.25%	2 500.00
	小　计	600 000.00		4 300.00
管理部门	房屋及建筑物	600 000.00	0.45%	2 700.00
	交通工具	200 000.00	1.00%	2 000.00
	小　计	800 000.00		4 700.00
合　计		2 800 000.00		21 700.00

小提示

表 2-8 中部分数据的计算方法如下。

① 各部门、各类固定资产折旧金额＝该行原始价值×月综合折旧率

如：基本生产车间厂房折旧金额＝600 000×0.45%＝2 700（元）

② 各部门固定资产折旧金额（小计）＝该部门各类固定资产折旧金额之和

如：基本生产车间折旧金额（小计）＝2 700+10 000＝12 700（元）

③ 折旧金额合计＝各部门固定资产折旧金额（小计）之和

如：折旧金额合计＝12 700+4 300+4 700＝21 700（元）

【分析】

表 2-8 中，折旧费用的归属和受益对象具体、明确，应该按受益对象直接计入相关成本、费用，其中基本生产车间折旧费用直接计入制造费用；机修车间折旧费用直接计入辅助生产成本；行政管理部门折旧费用直接计入管理费用。

【账务处理过程】

根据表 2-8 固定资产折旧计算表编制计提折旧的记账凭证如图 2-24 所示。

小提示

图 2-24 中部分数据的填列方法如下。

① 各成本、费用（借方）金额，根据表 2-8 固定资产折旧计算表中的各部门折旧金额（小计）填列。

如："生产成本——辅助生产成本"按照机修车间"折旧金额"小计 4 300 元填列。

② 累计折旧（贷方），根据表 2-8 固定资产折旧计算表中的折旧金额合计填列。

记 账 凭 证

2024 年 1 月 31 日　　　　记 字 89 号

摘要	总账科目	明细科目	借方金额	√	贷方金额	√
计提固定	生产成本	辅助生产成本（机修车间）	4300.00			
资产折旧	制造费用	基本生产车间	12700.00			
	管理费用		4700.00			
	累计折旧				21700.00	
合计			¥21700.00		¥21700.00	

附件 1 张

会计主管：郑建雄　　记账：　　复核：凌华丽　　制单：李莉

图 2-24　记账凭证

七、归集和分配辅助生产费用

辅助生产费用是指为企业基本生产车间和内部各部门提供产品（如工具、模具等）或劳务（如修理作业、供水、供电、供气、供热等）而发生的各项费用，包括辅助生产车间为生产产品、提供劳务所耗用的材料、燃料、动力、职工薪酬、折旧费、维修费以及为管理和组织生产所发生的费用等。

（一）辅助生产费用的归集

辅助生产费用的归集，是通过“生产成本——辅助生产成本”账户进行的。辅助生产车间发生的各项费用，应借记“生产成本——辅助生产成本”，贷记相关科目，并根据相关记账凭证及其所附的原始凭证登记“生产成本——辅助生产成本”明细账，以计算辅助生产成本。

【例题 2-8】

【经济业务内容】登记辅助生产明细账。

【情景】1 月份发生的与辅助生产成本有关的经济业务如【例题 2-3】~【例题 2-7】所示，请根据相关记账凭证及其所附的原始凭证登记辅助生产成本明细账，并结出余额。

【分析】

【例题 2-3】~【例题 2-7】中，已根据相关费用的归属和受益对象编制记账凭证，应根据相关记账凭证的“生产成本——辅助生产成本（机修车间）”科目登记辅助生产成本明细账，并计算本月合计。

【账务处理过程】

根据【例题 2-3】~【例题 2-7】中相关记账凭证及其所附的原始凭证登记的辅助生产成本明细账如图 2-25所示。

辅助生产成本 明细账

户名：机修车间　　　　　　　　　　　　总第____页 分第____页

2024年		记账凭证		摘要	费用项目					
月	日	字	号		合计	职工薪酬	折旧费	材料费	其他	
1	31	记	85	领用材料	15 000.00			15 000.00		
	31	记	87	分配职工薪酬	23 600.00	23 600.00				
	31	记	88	预提电费	1 800.00				1 800.00	
	31	记	89	计提折旧	4 300.00		4 300.00			
				本月合计	44 700.00	23 600.00	4 300.00	15 000.00	1 800.00	

图 2-25　辅助生产成本明细账

小提示

图 2-25 中各项目数据关系如下。

① 合计（栏）金额=该行各明细项目金额之和。

② 各项目的本月合计=该项目本月发生额之和。

如：合计栏本月合计=15 000+23 600+1 800+4 300=44 700（元）

职工薪酬本月合计=23 600（元）

类似多栏式明细账的计算方法基本相同，以下不再提示。

（二）辅助生产费用的分配

辅助生产由于提供产品和劳务的种类不同，分配、转出的程序也不同。完工的工具、模具和各种备品备件等产品，应在完工入库时，从“生产成本——辅助生产成本”账户转入“原材料”等账户。辅助生产车间的其他费用，应根据受益对象的实际情况，按照一定的分配标准分配计入相关成本、费用。

按照《企业产品成本核算制度（试行）》规定，制造企业辅助生产部门为生产部门提供劳务和产品而发生的费用，应当参照生产成本项目归集，并按照合理的分配标准分配计入各成本核算对象的生产成本。辅助生产部门之间互相提供的劳务、作业成本，应当采用合理的方法进行交互分配。互相提供劳务、作业不多的，可以不进行交互分配，直接分配给辅助生产部门以外的受益单位。

1. 直接分配法

直接分配法是指在不考虑辅助生产车间之间相互提供产品或劳务的情况下，将各种辅助生产费用按照一定的分配标准直接分配给辅助生产以外的受益部门的一种辅助生产费用分配方法。计算公式如下：

分配率=应分配的辅助生产费用÷辅助生产部门以外的各部门耗用的劳务数量之和

某部门应分配的辅助生产费用=该部门耗用的劳务数量×分配率

【例题 2-9】

【经济业务内容】分配辅助生产成本。

【情景】1月份机修车间提供修理作业工时共1 000工时，其中提供基本生产车间950工时、管理部门50工时，机修车间发生的辅助生产费用如图2-25所示，请按照提供修理作业工时比例编制辅助生产费用分配表，并据以编制记账凭证。

【分析】

图2-25表明，本月发生的辅助生产费用为44 700元，应按照受益对象的工时比例分配，计入相关成本、费用。

【账务处理过程】

根据辅助生产费用总额和受益对象的工时比例编制的辅助生产费用分配表如表2-9所示；根据辅助生产费用分配表编制的记账凭证如图2-26所示。

表2-9 辅助生产费用分配表

编制日期：2024年1月31日　　　　　　金额单位：元

项　　目	机器工时	分　配　率	分配金额
基本生产车间	950	44.70	42 465.00
管理部门	50	44.70	2 235.00
合　　计	1 000		44 700.00

小提示

表2-9中部分数据的计算方法如下。

① 应分配金额合计44 700元是根据图2-25本月合计的合计栏填列的。

② 机器工时合计=课桌生产工时定额+课椅生产工时定额

③ 分配率=应分配金额合计÷机器工时合计

如：分配率=44 700÷1 000=44.70

④ 应分配金额（列）=机器工时×分配率

如：基本生产车间应分配金额=950×44.70=42 465（元）

记 账 凭 证

2024年　1月　31日　　　　　　记　字　90　号

摘　要	总账科目	明细科目	借方金额 千	百	十	万	千	百	十	元	角	分	√	贷方金额 千	百	十	万	千	百	十	元	角	分	√
分配辅助	制造费用	基本生产车间				4	2	4	6	5	0	0												
生产费用	管理费用	修理费					2	2	3	5	0	0												
	生产成本	辅助生产成本															4	4	7	0	0	0	0	
合　　计					¥	4	4	7	0	0	0	0				¥	4	4	7	0	0	0	0	

附件 1 张

会计主管：郑建雄　　记账：　　复核：凌华丽　　制单：李莉

图2-26　记账凭证

小提示

图 2-26 中部分数据的填列方法如下。

① 各费用（借方）金额，根据表 2-9 中各部门应分配的金额填列。

如：“制造费用——基本生产成本”按照基本生产车间“应分配金额”42 465 元填列。

② 生产成本（贷方），根据表 2-9 中“应分配金额”的合计填列。

2. 交互分配法

交互分配法是指企业各辅助生产车间之间在有相互服务的情况下，先将各辅助生产车间直接发生的费用进行一次交互分配，然后将各辅助生产车间交互分配后的实际费用，根据对辅助车间以外的各部门提供的劳务数量，分配给各基本受益单位的一种方法。交互分配的公式如下：

某辅助生产车间交互劳务分配率

=该辅助生产车间直接发生的费用÷该辅助生产车间提供的劳务总量

某辅助生产车间交互分配转入费用

=其他辅助生产车间向该车间提供的劳务数量×耗用劳务的交互分配率

某辅助生产车间交互分配转出费用

=该辅助生产车间向其他辅助生产车间提供的劳务量×提供劳务的分配率

某辅助生产车间交互分配后的实际费用

=该车间直接发生的费用+该车间交互分配的转入费用−该车间交互分配的转出费用

某辅助生产车间对基本受益单位提供的劳务分配率

=该车间交互分配后的实际费用÷该车间对基本受益单位提供的劳务总量

【例题 2-10】

【经济业务内容】分配辅助生产成本。

【情景】某企业设有供电和供汽两个辅助生产车间。2024 年 8 月份，供电车间直接发生费用 55 000 元，供汽车间直接发生费用 22 000 元。两辅助生产车间为各单位提供的电、汽数量如下表所示。请使用交互分配法编制辅助生产费用分配表，并据以编制记账凭证。（注：本案例数据与前述“南华市育才家具有限公司”的数据无关）

表 2-10　辅助生产提供劳务情况表

辅助生产车间	计量单位	产品劳务总量	各单位受益数量					
			基本生产车间			辅助生产车间		企业管理部门
			甲产品	乙产品	车间用	供电	供电	
供电车间	千瓦·时	110 000	50 000	30 000	15 000		10 000	5 000
供汽车间	立方米	55 000	25 000	15 000	9 000	5 000		1 000

【分析】

本月两个辅助生产车间发生的辅助费用，应先在辅助车间之间相交互分配，再对外分配，计入相关成本、费用。

【账务处理过程】

根据辅助生产费用总额和受益工时比例编制辅助生产之间费用分配表如表 2-11 所示。

表 2-11　辅助生产之间费用分配表

编制日期：2024年 8 月 31 日　　　　金额单位：元

辅助生产车间	分配前费用总额	产品劳务总量	分　配　率	辅助生产之间交互分配				分配后费用总额
				供电车间		供汽车间		
				数　量	金　额	数　量	金　额	金　额
供电车间	55 000	110 000	0.5			10 000	5 000	52 000
供汽车间	22 000	55 000	0.4	5 000	2 000			25 000
合　　计	77 000							77 000

小提示

表 2-11 中部分数据的计算方法如下。

① 供电车间费用分配率 = 55 000÷110 000 = 0.5

② 供汽车间费用分配率 = 22 000÷55 000 = 0.4

③ 供电车间交互分配转出金额 = 10 000×0.5 = 5 000（元）

④ 供汽车间交互分配转出金额 = 5 000×0.4 = 2 000（元）

⑤ 供电车间交互分配后费用总额 = 55 000+2 000−5 000 = 52 000（元）

⑥ 供汽车间交互分配后费用总额 = 22 000+5 000−2 000 = 25 000（元）

根据表 2-11 辅助生产之间费用分配表编制记账凭证如图 2-27 所示。

记 账 凭 证

2024 年　8 月　31 日　　　　记 字 82 号

摘　要	总账科目	明细科目	借方金额（千百十万千百十元角分）	√	贷方金额（千百十万千百十元角分）	√
结转相互分	生产成本	辅助生产成本（供电）	200000			
配费用		辅助生产成本（供汽）	500000			
	生产成本	辅助生产成本（供电）			500000	
		辅助生产成本（供汽）			200000	
合　　计			¥700000		¥700000	

附件 1 张

会计主管：郑一凡　　记账：　　复核：凌华　　制单：李兴华

图 2-27　记账凭证

根据辅助生产车间之间交互分配后的费用总额和受益工时比例编制的辅助生产费用分配表如表 2–12 所示。

表 2–12　辅助生产费用分配表

编制日期：2024 年 8 月 31 日　　　　金额单位：元

辅助生产车间	费用总额	产品劳务总量	分配率	各单位受益数量和分配额								合　计
				甲　产　品		乙　产　品		车间管理部门		企业管理部门		
				数　量	金　额	数　量	金　额	数　量	金　额	数　量	金　额	
供电车间	52 000	100 000	0.52	50 000	26 000	30 000	15 600	15 000	7 800	5 000	2 600	52 000
供汽车间	25 000	50 000	0.50	25 000	12 500	15 000	7 500	9 000	4 500	1 000	500	25 000
合　计	77 000				38 500		23 100		12 300		3 100	77 000

小提示

表 2–12 中部分数据的计算方法如下。

① 供电车间费用分配率 = 52 000÷（110 000−10 000）= 0. 52

② 供汽车间费用分配率 = 25 000÷（55 000−5 000）= 0. 5

③ 甲产品应分担供电费用 = 50 000×0. 52 = 2 6000（元）

④ 甲产品应分担供汽费用 = 25 000×0. 5 = 12 500（元）

⑤ 甲产品应分担辅助生产费用合计 = 26 000+12 500 = 38 500（元）

根据表 2–12 辅助生产费用分配表编制的记账凭证如图 2–28、图 2–29 所示。

记 账 凭 证

2024 年 8 月 31 日　　　　记 字 83 ½ 号

摘　要	总账科目	明细科目	借方金额（千百十万千百十元角分）	√	贷方金额（千百十万千百十元角分）	√
结转分配辅	生产成本	基本生产成本（甲产品）	3850000			
助生产费用		基本生产成本（乙产品）	2310000			
	制造费用		1230000			
	管理费用		310000			
	生产成本	辅助生产成本（供电）			5200000	
合　计						

附件 1 张

会计主管：郑一凡　　记账：　　复核：凌华　　制单：李兴华

图 2–28　记账凭证

记 账 凭 证

2024 年 8 月 31 日　　　　记 字 83 2/2 号

摘 要	总账科目	明细科目	借方金额										√	贷方金额										√
			千	百	十	万	千	百	十	元	角	分		千	百	十	万	千	百	十	元	角	分	
结转分配辅助生产费用	生产成本	辅助生产成本（供电）															2	5	0	0	0	0	0	
合 计					¥	7	7	0	0	0	0	0				¥	7	7	0	0	0	0	0	

附件 1 张

会计主管：郑一凡　　记账：　　复核：凌华　　制单：李兴华

图 2-29　记账凭证

八、归集和分配制造费用

制造费用是指生产车间为组织和管理生产所发生的各项费用，包括车间管理人员薪酬、折旧费、租赁费、修理费、机物料消耗、水电费、办公费以及辅助生产费用分配转入基本生产车间的费用等。

（一）制造费用的归集

制造费用的归集是通过“制造费用”账户进行的。基本生产车间发生的各项制造费用，应借记“制造费用”科目，贷记相关科目，并根据相关记账凭证及其所附的原始凭证登记“制造费用”明细账，以计算本期发生的制造费用总额。

【例题 2-11】

【经济业务内容】登记制造费用明细账。

【情景】2024 年 1 月份发生的与制造费用有关的经济业务如【例题 2-3】~【例题 2-9】所示，请根据相关记账凭证及其所附的原始凭证登记“制造费用——基本生产车间”明细账，并结出本月合计。

【分析】

以上【例题 2-3】~【例题 2-9】中，已根据相关费用的归属和受益对象编制记账凭证，应根据相关记账凭证的“制造费用——基本生产车间”科目登记“制造费用——基本生产车间”明细账，并计算本月合计。

【账务处理过程】

根据【例题 2-3】~【例题 2-9】中相关记账凭证登记的“制造费用——基本生产车间”明细账如图 2-30 所示。

制造费用 明细账

户名：基本生产车间　　　　总第____页 分第____页

2024年 月	日	记账凭证 字	号	摘要	合计	职工薪酬	折旧费	水电费	材料费	其他
1	31	记	83	领用材料	5 900.00				5 900.00	
	31	记	87	分配职工薪酬	18 800.00	18 800.00				
	31	记	88	预提电费	300.00			300.00		
	31	记	89	计提折旧	12 700.00		12 700.00			
	31	记	90	分配辅助生产费用	42 465.00					42 465.00
				本月合计	80 165.00	18 800.00	12 700.00	300.00	5 900.00	42 465.00

图 2-30　制造费用明细账

（二）制造费用的分配

基本生产车间如果只生产一种产品，其发生的制造费用应于月末直接计入该受益产品的生产成本；如果生产两种或两种以上的产品，应根据受益对象，按照一定的分配标准分配计入相关的产品成本。

根据《企业产品成本核算制度（试行）》的规定，制造企业发生的制造费用，应当按照合理的分配标准按月分配计入各成本核算对象的生产成本。企业可以采取的分配标准包括机器工时比例法、人工工时比例法、计划分配率法等。

1. 机器工时比例法

机器工时比例法是指按照各种产品所耗用机器工时的比例进行分配制造费用的一种方法。计算公式如下：

分配率＝制造费用总额÷各种产品机器工时（实际或定额）之和

某种产品应分配的制造费用＝该种产品的机器工时（实际或定额）×分配率

2. 人工工时比例法

人工工时比例法是指按照各种产品所耗用的人工工时的比例进行分配制造费用的一种方法。计算公式如下：

分配率＝制造费用总额÷各种产品人工工时（实际或定额）之和

某种产品应分配的制造费用＝该种产品的人工工时（实际或定额）×分配率

3. 计划分配率法

计划分配率法又称定额分配率法，是指按年度开始前预先制订的年度计划分配率分配各月制造费用的方法。计算公式如下：

某车间制造费用年度计划分配率

＝该车间全年制造费用预算数÷年度该车间各种产品计划产量的定额工时

某月某种产品应分摊的制造费用

＝年度计划分配率×当月该产品实际产量的定额工时

在计划分配率法下，各月份实际发生的制造费用与按计划分配率分配的制造费用的差异，平时各月份不进行调整，到年末再进行调整。因此，“制造费用”科目平时各月份可能有余额，且余额可能在借方，也可能在贷方。年末按实际调整后无余额。这种方法一般适用于季节性生产的企业。

【例题 2-12】

【经济业务内容】分配制造费用。

【情景】1 月份发生的制造费用如图 2-30 所示，课桌、课椅人工工时分别为 3 000 工时和 2 000 工时。请按照人工工时比例法编制制造费用分配表，并据以编制记账凭证。

【分析】

图 2-30 表明，本月发生的制造费用为 80 165 元，应按照受益对象的人工工时比例分配，计入相关产品成本。

【账务处理过程】

根据制造费用总额和课桌、课椅的人工工时比例编制的制造费用分配表如表 2-13 所示；根据制造费用分配表编制的记账凭证如图 2-31 所示。

表 2-13　制造费用分配表

编制日期：2024 年 1 月 31 日　　　　金额单位：元

项　目	人工工时	分　配　率	分配金额
课桌	3 000	16.033 00	48 099.00
课椅	2 000	16.033 00	32 066.00
合　计	5 000		80 165.00

小提示

表 2-13 中部分数据计算方法与辅助生产成本分配表基本相同，请参阅表 2-9。

记 账 凭 证

2024 年　1　月　31　日　　　　记　字　91　号

摘　要	总账科目	明细科目	借方金额	√	贷方金额	√
分配制造	生产成本	基本生产成本（课桌）	4809900			
费用	生产成本	基本生产成本（课椅）	3206600			
	制造费用	基本生产车间			8016500	
合　计			¥8016500		¥8016500	

附件 1 张

会计主管：郑建雄　　记账：　　复核：凌华丽　　制单：李莉

图 2-31　记账凭证

小提示

图 2-31 中部分数据填列方法与辅助生产费用分配的记账凭证编制方法基本相同，请参阅图 2-26。

九、计算和结转完工产品成本

计算和结转完工产品成本包括产品生产成本的归集、计算完工产品成本和期末在产品成本、结转完工产品成本等。根据生产成本（基本生产成本）明细账和各种产品的产量情况，计算各种产品成本，包括生产费用在完工产品和在产品之间的分配、计算完工产品总成本和单位成本、结转完工产品成本。

（一）生产成本的归集

生产成本的归集是通过“生产成本——基本生产成本”账户进行的，企业在生产经营过程中发生的各种生产费用，应该直接或分配计入各种产品（成本核算对象）生产成本。通过生产成本的归集，生产过程中发生的各种生产费用已全部归集在“生产成本——基本生产成本”账户的各种产品中，构成了各种产品的生产成本。

【例题 2-13】

【经济业务内容】登记生产成本明细账。

【情景】1 月份发生的应计入产品生产成本的经济业务如【例题 2-3】~【例题 2-12】所示，请根据相关记账凭证及其所附的原始凭证登记“生产成本——基本生产成本（课桌）”、“生产成本——基本生产成本（课椅）”明细账，并结出本月合计和本月累计。

【分析】

【例题 2-3】~【例题 2-12】中，已根据相关费用的归属和受益对象编制记账凭证，应根据相关记账凭证的“生产成本——基本生产成本（课桌）”、“生产成本——基本生产成本（课椅）”科目及其附件资料登记各种产品“生产成本”明细账，并结出本月合计和本月累计。

小提示

应根据记账凭证及其所附的原始凭证登记生产成本明细账，具体方法如下。

① 根据记账凭证中的“生产成本——××产品”的金额登记该产品生产成本明细账中“成本项目”的“合计”。

② 根据记账凭证附件的经济内容及其金额登记相关成本项目，材料费用记入“直接材料”项目；职工薪酬记入“直接人工”项目；燃料、动力费用记入“燃料和动力”项目，如果不设置“燃料和动力”项目，发生的燃料、动力费用应记入“制造费用”项目；生产车间的相关费用记入“制造费用”项目。

【账务处理过程】

根据【例题 2-3】~【例题 2-12】中相关记账凭证登记的“生产成本——基本生产成本（课桌）”、“生产成本——基本生产成本（课椅）”明细账如图 2-32、图 2-33 所示。

基本生产成本明细账

产品名称：课桌　　　　　　　　　　　　　　　　　　　　　　　　总第＿＿＿页 分第＿＿＿页

2024年		记账凭证		摘　　要	成　本　项　目				
月	日	字	号		合　计	直接材料	直接人工	制造费用	
1	1			上年结转	62 501.00	48 600.00	9 600.00	4 301.00	
	31	记	81	领用材料	191 100.00	191 100.00			
	31	记	86	领用材料	132 300.00	132 300.00			
	31	记	87	分配职工薪酬	98 400.00		98 400.00		
	31	记	88	预提电费	3 600.00			3 600.00	
	31	记	91	分配制造费用	48 099.00			48 099.00	
				本月合计	473 499.00	323 400.00	98 400.00	51 699.00	
				本月累计	536 000.00	372 000.00	108 000.00	56 000.00	

图 2-32　基本生产成本明细账

基本生产成本明细账

产品名称：课椅　　　　　　　　　　　　　　　　　　　　　　　　总第＿＿＿页 分第＿＿＿页

2024年		记账凭证		摘　　要	成　本　项　目				
月	日	字	号		合　计	直接材料	直接人工	制造费用	
1	1			上年结转	95 334.00	83 400.00	7 900.00	4 034.00	
	31	记	82	领用材料	90 500.00	90 500.00			
	31	记	86	领用材料	170 100.00	170 100.00			
	31	记	87	分配职工薪酬	65 600.00		65 600.00		
	31	记	88	预提电费	2 400.00			2 400.00	
	31	记	91	分配制造费用	32 066.00			32 066.00	
				本月合计	360 666.00	260 600.00	65 600.00	34 466.00	
				本月累计	456 000.00	344 000.00	73 500.00	38 500.00	

图 2-33　基本生产成本明细账

通过图 2-32 和图 2-33 可以看出，课桌和课椅的生产成本（本月累计）分别为536 000元和 456 000 元，如果期末产品全部完工，则该生产成本为完工产品总成本，完工产品总成本除以完工产品数量则为完工产品的单位成本；如果期末产品全部未完工，则该生产成本为期末在产品成本；如果期末存在部分在产品，则应将该生产成本在完工产品与月末在产品之间进行分配，分别计算完工产品成本和期末在产品成本。

小提示

图 2-32 和图 2-33 中各项目数据关系如下。

各项目的本月累计=该项目本月合计+期初余额

如：图 2-32 中直接材料本月累计=323 400+48 600=372 000（元）

（二）计算完工产品成本

1. 完工产品和在产品数量的确定

完工产品是指完成全部生产过程，符合技术与质量要求，验收入库，具备对外销售条件的产品。

在产品亦称在制品，是指在企业的生产过程中正处于加工或等待加工的产品。在品种法下，在产品一般是指没有完成企业全部生产过程、不能作为商品销售的在制产品。

确定完工产品和在产品的数量，是计算完工产品和在产品成本的前提。完工产品数量的，可以通过产品入库凭证或库存商品明细账计算确定；期末在产品的数量，一般通过在产品台账进行计算或通过在产品清查确定。

2. 生产成本在完工产品与在产品之间的分配

在确定各种产品的生产成本总额、完工产品和在产品数量的基础上，应将生产成本在完工产品和在产品之间进行分配，分别计算各种产品的完工产品成本和期末在产品成本。

根据《企业产品成本核算制度（试行）》的规定，制造企业应当根据产品的生产特点和管理要求，按成本计算期结转成本。制造企业可以选择原材料消耗量、约当产量法、定额比例法、原材料扣除法、完工百分比法等方法恰当地确定完工产品和在产品的实际成本，并将完工入库产品的产品成本结转至库存商品科目；在产品数量、金额不重要或在产品期初、期末数量变动不大的，可以不计入产品成本。

在实际工作中，生产成本在完工产品和在产品之间进行分配，首先应计算确定在产品成本。常用的在产品成本核算方法主要有约当产量法、定额比例法、不计在产品成本法等。

（1）约当产量法。

约当产量法是指将月末实际结存的在产品数量按其完工程度折合为大约相当的完工产品产量，然后按照在产品约当产量和完工产品产量的比例分配计算期末在产品成本的一种方法。计算公式如下：

在产品约当产量=在产品数量×完工程度（或投料程度）

完工产品单位成本=生产成本总额÷（完工产品产量+在产品约当产量）

完工产品成本=完工产品单位成本×完工产品产量

月末在产品成本=完工产品单位成本×在产品约当产量

或

月末在产品成本=生产成本总额-完工产品成本

约当产量法适用于月末在产品数量较多，各月在产品数量变化较大，且在产品完工程度相差不大的产品。

在产品完工程度的确定是否合理，直接影响到完工产品成本的真实性。在实际工作中，为了减轻在产品完工程度测算的工作量，同时又能比较合理地反映期末在产品成本，一般采用以下方法确定在产品完工程度。

① 分配直接材料费用时在产品约当产量的测算方法。

期末在产品的直接材料费用与产品生产的投料方式、投料程度有直接关系，因此在分配直接材料费用时，一般以投料方式和投料程度来确定在产品的完工程度，然后据以计算期末在产品的约当产量。投料方式一般分为一次性投料和逐步投料两种。

一次性投料是指在生产开始时一次性投入产品生产所需要的全部材料。在这种情况下，分配直接材料费用时应按100%的完工程度折合在产品的约当产量。

逐步投料是指原材料随着生产过程的进行陆续投入。具体又分为两种情况，一是原材料投入程度与产品完工程度相同或基本相同，在这种情况下，分配直接材料费用时应按产品的完工程度折合在产品的约当产量；二是原材料投入程度与产品完工程度不相同，在这种情况下，分配直接材料费用时应按产品的投料程度折合在产品的约当产量，即分别统计各工序在产品的数量，然后折合计算各工序在产品的投料程度，再据以折合计算约当产量。计算公式如下：

某工序在产品投料程度

=至本工序前直接材料费用累计+本工序应投材料费用×50%÷完工产品应投材料费用

某工序在产品约当产量

=该工序在产品数量×该工序在产品投料程度

② 分配其他成本项目费用时在产品约当产量的测算方法。

除直接材料费用外，还有直接人工、制造费用等成本项目，这些费用的发生通常与产品的完工程度有直接关系，因此在分配直接人工、制造费用时，一般以完工程度来折合计算期末在产品的约当产量。在产品完工程度的计算方法一般有两种：一种是平均计算完工率。即一律按50%作为各工序在产品的完工程度。这种方法主要适用于费用发生较为均衡的产品生产。另一种是分别测算各工序完工率。即按各工序的累计工时定额数占完工产品工时定额数的比率作为完工程度计算折合在产品的约当产量。计算公式如下：

某工序在产品完工程度

=至本工序前工时定额累计+本工序工时定额×50%÷完工产品工时定额

某工序在产品约当产量

=该工序在产品数量×该工序在产品完工程度

（2）定额比例法。

定额比例法是指按完工产品与月末在产品的定额耗用量或定额费用的比例分配计算完工产品和在产品成本的一种方法。计算公式如下：

完工产品定额消耗量（或定额费用）=完工产品产量×单位完工产品消耗定额

在产品定额消耗量（或定额费用）=在产品数量×单位在产品消耗定额

分配率=生产成本总额÷（完工产品定额消耗量+月末在产品定额消耗量）

完工产品成本=完工产品定额消耗量×分配率

月末在产品成本=月末在产品定额消耗量×分配率

定额比例法适用于定额管理基础较好，各项消耗定额或费用定额比较健全，各月末在产品数量变动较大的产品生产。

（3）不计在产品成本法。

不计在产品成本法，又称在产品不计价法，是指虽然月末有结存的在产品，但月末在产品数量很少，价值很低，并且各月份在产品数量比较稳定，从而可对月末在产品成本忽略不计的一种分配方法。

在不计在产品成本法下，本月生产成本总额全部视为完工产品成本，将本月各产品发生的生产耗费全部由完工产品负担。例如，自来水生产企业、采掘企业就可采用该方法。

在实际工作中，产品成本计算一般通过编制“产品成本计算表”或“产品成本计算单”来完成。

【例题 2–14】

【经济业务内容】编制产品成本计算表。

【情景】2024 年 1 月份产品产量情况如表 2–14 所示，各种产品生产成本如图 2–32 和图 2–33所示，课桌和课椅的原材料一次性投入。请根据相关资料按约当产量法编制课桌和课椅的产品成本计算表。

表 2–14　2024 年 1 月产品产量统计表

产品名称	计量单位	期初在产品	本期投产	本期完工	期末在产品	期末在产品完工程度
课桌	张	1 000	7 000	8 000	0	
课椅	张	2 000	6 000	6 000	2 000	50%

【分析】

以上资料中，已知课桌和课椅的生产成本总额、各种产品的完工产品产量、在产品产量及其完工程度，按照约当产量法，应将在产品按照完工程度折合成完工产品数量，然后据以计算完工产品成本和期末在产品成本。由于原材料是一次性投入的，在分配直接材料时，应按在产品数量的 100% 计算折合期末在产品的约当产量；直接人工、制造费用按完工程度的 50% 计算折合期末在产品的约当产量。

【账务处理过程】

根据相关资料编制的产品成本计算表如表 2–15 和表 2–16 所示。

表 2–15　产品成本计算表

产品名称：课桌　　　　2024 年 1 月 31 日　　　　金额单位：元

项　　目	直接材料	直接人工	制造费用	合　　计
期初在产品成本	48 600.00	9 600.00	4 301.00	62 501.00
本期生产成本	323 400.00	98 400.00	51 699.00	473 499.00
生产成本合计	372 000.00	108 000.00	56 000.00	536 000.00
本期完工产品产量	8 000	8 000	8 000	
期末在产品产量	0	0	0	
在产品约当产量	0	0	0	
约当总产量	8 000	8 000	8 000	
单位成本	46.50	13.50	7.00	67.00
完工产品成本	372 000.00	108 000.00	56 000.00	536 000.00
期末在产品成本	0.00	0.00	0.00	0.00

表 2-16　产品成本计算表

产品名称：课椅　　　　2024年1月31日　　　　金额单位：元

项　　目	直接材料	直接人工	制造费用	合　　计
期初在产品成本	83 400.00	7 900.00	4 034.00	95 334.00
本期生产成本	260 600.00	65 600.00	34 466.00	360 666.00
生产成本合计	344 000.00	73 500.00	38 500.00	456 000.00
本期完工产品产量	6 000	6 000	6 000	
期末在产品产量	2 000	2 000	2 000	
在产品约当产量	2 000	1 000	1 000	
约当总产量	8 000	7 000	7 000	
单位成本	43.00	10.50	5.50	59.00
完工产品成本	258 000.00	63 000.00	33 000.00	354 000.00
期末在产品成本	86 000.00	10 500.00	5 500.00	102 000.00

小提示

表2-15和表2-16中部分数据的计算方法如下（以表2-16为例）。

① 合计（某一行）＝直接材料+直接人工+制造费用

如：期初在产品成本合计＝83 400+7 900+4 034＝95 334（元）

② 生产成本合计（某一列）＝期初在产品成本+本期生产成本

如：直接材料生产成本合计＝83 400+260 600＝344 000（元）

③ 在产品约当产量（某一列）＝期末在产品产量×在产品完工程度

如：直接材料＝2 000×100%＝2 000（元）

直接人工＝2 000×50%＝1 000（元）

④ 约当总产量＝完工产品产量+在产品约当产量

如：直接材料＝6 000+2 000＝8 000（元）

⑤ 单位成本（某一列）＝生产成本合计÷约当总产量

如：直接材料＝344 000÷8 000＝43（元）

⑥ 完工产品成本（某一列）＝单位成本×完工产品产量

如：直接材料＝43×6 000＝258 000（元）

⑦ 期末在产品成本（某一列）＝生产成本合计−完工产品成本

或：期末在产品成本（某一列）＝单位成本×在产品约当产量

如：直接材料＝344 000−258 000＝86 000（元）

或：直接材料＝43×2 000＝86 000（元）

（三）结转完工产品成本

企业完工产品经产成品仓库验收入库后，其成本应从“生产成本——基本生产成本”科目所属产品成本明细账的贷方转出，转入“库存商品”科目的借方，“生产成本——基本生产成本”科目的月末余额，就是基本生产在产品的成本。

结转完工产品成本一般根据“产品成本计算表”或“产品成本计算单”编制“完工产品成本汇总表”，然后据以编制记账凭证。

【例题 2-15】

【经济业务内容】结转完工产品成本。

【情景】1 月份课桌和课椅的产品成本计算表如表 2-15 和表 2-16 所示。请根据相关资料编制完工产品成本汇总表，并据以编制记账凭证。

【分析】

以上产品成本计算表中，已知课桌和课椅的完工产品产量、单位成本和完工产品总成本，应根据资料编制完工产品成本汇总表作为原始凭证，并据以编制记账凭证。

【账务处理过程】

根据相关资料编制的完工产品成本汇总表如表 2-17 所示，根据完工产品成本汇总表编制的记账凭证如图 2-34 所示。

表 2-17　完工产品成本汇总表

编制日期：2024 年 1 月 31 日　　金额单位：元

品名规格	计量单位	数　量	单位成本	总　成　本			
				直接材料	直接人工	制造费用	合　计
课桌	张	8 000	67	372 000	108 000	56 000	536 000
课椅	张	6 000	59	258 000	63 000	33 000	354 000
合　计				630 000	171 000	89 000	890 000

记 账 凭 证

2024年　1　月　31　日　　记　字　92　号

摘　要	总账科目	明细科目	借方金额（千百十万千百十元角分）	√	贷方金额（千百十万千百十元角分）	√
结转完工	库存商品	课桌	53600000			
产品成本	库存商品	课椅	35400000			
	生产成本	基本生产成本（课桌）			53600000	
	生产成本	基本生产成本（课椅）			35400000	
合　计			¥89000000		¥89000000	

附件 1 张

会计主管：郑建雄　　记账：　　复核：凌华丽　　制单：李莉

图 2-34　记账凭证

小提示

表 2-17 中部分数据计算方法如下。

① 单位成本：根据产品成本计算表“单位成本”的合计数填列

如表 2-15 中，课桌的“单位成本”合计为 67 元

② 总成本：根据产品成本计算表“完工产品成本”的相应栏目填列

如表 2-15 中，课桌的“完工产品成本”的“直接材料”为 372 000 元

③ 总成本合计=各种产品总成本之和

如：总成本合计=536 000+354 000=890 000（元）

十、生产成本明细账的登记、对账、结账

前述的案例所涉及的成本明细账包括“生产成本——基本生产成本（课桌）”、“生产成本——基本生产成本（课椅）”、“生产成本——辅助生产成本（机修车间）”、“制造费用——基本生产车间”四个明细账，在实际工作中，应由负责成本核算的会计人员根据审核无误的记账凭证及其所附的原始凭证进行登记，并于期末按规定要求对账、结账。

在成本核算过程中，由于数据的需要，已经陆续登记了一部分，成本核算工作完成后，应根据相关记账凭证及其所附的原始凭证继续登记完成。

成本明细账登记完成后，应及时与总账核对相符。“生产成本（基本生产成本）”和“生产成本（辅助生产成本）”明细账的发生额合计数、期末余额合计数，应分别与总账的“生产成本”账户的发生额合计数、期末余额相等；“制造费用”明细账的发生额合计数，应与总账的“制造费用”账户的发生额合计数相等。核对相符后再按规定的要求结账。

为了避免重复工作，确保成本核算的正确性，对账工作应贯穿于成本计算的全过程，如在分配辅助生产成本、制造费用之前，先与总账核对相符，确保应分配金额的正确性；在分配计算完工产品成本与在产品成本之前，先与总账核对相符，确保各种产品的生产成本的正确性。

【例题 2-16】

【经济业务内容】登记生产成本明细账。

【情景】接前述【例题 2-1】～【例题 2-15】，请完成“基本生产成本”、“辅助生产成本”和“制造费用”明细账的记账和月末结账。

【分析】

以上案例表明，在成本计算过程中，由于数据的需要，成本明细账已经登记了大部分（见图 2-25、图 2-30、图 2-32 和图 2-33）。现只需要补充登记未记账的部分，然后结账。

【账务处理过程】

1. 根据【例题 2-9】辅助生产成本分配账务处理补充登记辅助生产明细账（见图 2-25），如图 2-35 所示。

辅助生产成本 明细账

户名：机修车间　　　　　　　　　　　　总第____页 分第____页

2024年		记账凭证		摘要	费用项目					
月	日	字	号		合计	职工薪酬	折旧费	材料费	其他	
1	31	记	85	领用材料	15 000.00			15 000.00		
	31	记	87	分配职工薪酬	23 600.00	23 600.00				
	31	记	88	预提电费	1 800.00				1 800.00	
	31	记	89	计提折旧	4 300.00		4 300.00			
				本月合计	44 700.00	23 600.00	4 300.00	15 000.00	1 800.00	
	31	记	90	本月分配	44 700.00	23 600.00	4 300.00	15 000.00	1 800.00	

图 2-35　辅助生产成本明细账

小提示

图 2-35 所示的辅助生产成本明细账属于多栏式明细账，只有借方发生额栏目，贷方发生额应该用红字书写。图中记字 90 号记账凭证属于分配本月辅助生产成本，应该用红字书写（下同）。

2. 根据【例题 2-11】制造费用分配账务处理补充登记制造费用明细账（见图 2-30），如图 2-36 所示；根据【例题 2-15】结转完工产品成本账务处理登记补充课桌和课椅生产成本明细账（见图 2-32 和图 2-33），如图 2-37 和图 2-38 所示。

制造费用 明细账

户名：基本生产车间　　　　　　　　　　　　总第____页 分第____页

2024年		记账凭证		摘要	费用项目					
月	日	字	号		合计	职工薪酬	折旧费	水电费	材料费	其他
1	31	记	83	领用材料	5 900.00				5 900.00	
	31	记	87	分配职工薪酬	18 800.00	18 800.00				
	31	记	88	预提电费	300.00			300.00		
	31	记	89	计提折旧	12 700.00		12 700.00			
	31	记	90	分配辅助生产费用	42 465.00					42 465.00
				本月合计	80 165.00	18 800.00	12 700.00	300.00	5 900.00	42 465.00
	31	记	91	本月分配	80 165.00	18 800.00	12 700.00	300.00	5 900.00	42 465.00

图 2-36　制造费用明细账

基本生产成本明细账

产品名称：课桌　　　　总第＿＿页 分第＿＿页

2024年		记账凭证		摘要	成本项目			
月	日	字	号		合计	直接材料	直接人工	制造费用
1	1			上年结转	62 501.00	48 600.00	9 600.00	4 301.00
	31	记	81	领用材料	191 100.00	191 100.00		
	31	记	86	领用材料	132 300.00	132 300.00		
	31	记	87	分配职工薪酬	98 400.00		98 400.00	
	31	记	88	预提电费	3 600.00			3 600.00
	31	记	91	分配制造费用	48 099.00			48 099.00
				本月合计	473 499.00	323 400.00	98 400.00	51 699.00
				本月累计	536 000.00	372 000.00	108 000.00	56 000.00
	31	记	92	结转完工产品成本	536 000.00	372 000.00	108 000.00	56 000.00

图 2-37　基本生产成本明细账

基本生产成本明细账

产品名称：课椅　　　　总第＿＿页 分第＿＿页

2024年		记账凭证		摘要	成本项目			
月	日	字	号		合计	直接材料	直接人工	制造费用
1	1			上年结转	95 334.00	83 400.00	7 900.00	4 034.00
	31	记	82	领用材料	90 500.00	90 500.00		
	31	记	86	领用材料	170 100.00	170 100.00		
	31	记	87	分配职工薪酬	65 600.00		65 600.00	
	31	记	88	预提电费	2 400.00			2 400.00
	31	记	91	分配制造费用	32 066.00			32 066.00
				本月合计	360 666.00	260 600.00	65 600.00	34 466.00
				本月累计	456 000.00	344 000.00	73 500.00	38 500.00
	31	记	92	结转完工产品成本	354 000.00	258 000.00	63 000.00	33 000.00
				期末在产品成本	102 000.00	86 000.00	10 500.00	5 500.00

图 2-38　基本生产成本明细账

小提示

图 2-38 中期末在产品成本的核算方法如下。

各费用项目期末在产品成本=该项目期初在产品成本+本月合计金额-结转完工产品成本

或：各费用项目期末在产品成本=该项目本月累计金额-结转完工产品成本

如：直接材料期末在产品成本=83 400+260 600-258 000=86 000（元）

知识链接

以上案例是以产品生产过程中发生的最基本的生产费用为例，在实际工作中，还会发生一些其他应计入产品生产成本的费用，如基本生产车间、辅助生产车间发生的办公费用、差旅费用等日常费用；购买（或领用）各种日常用品、材料、低值易耗品、维修零配件等各种支出；支付各种租金、接受劳务等各种费用，以上各种费用的发生，应该按照受益对象直接或分配计入相关的成本、费用。相关会计账务处理方法已在“会计核算岗位实务”课程中介绍，本书不再赘述。

项目三

分批法

任务一　了解分批法的含义、特点及适用范围

一、了解分批法的含义

分批法亦称订单法，是指按照产品批别或订单为成本核算对象计算产品成本的一种方法。

在一些单件、小批量生产企业中，往往是按照客户购货的订单安排生产，由于客户订购的产品多种多样，而且一般不是通用产品，如工作服、制服定制、印刷品印制、专用设备定制等。这些企业生产的产品不固定、各批产品生产周期不固定，宜以产品批别或订单作为成本核算对象计算产品成本。

二、了解分批法的特点

1. 以产品批别或订单为成本核算对象

在分批法下，以产品生产的“批别”或客户订购产品的订单作为成本核算对象，按照产品生产的批别或订单号设置生产成本明细账，用以归集为生产各批产品所发生的各项费用，最终计算各批产品的生产成本。

2. 以各批产品生产周期作为成本计算期

在分批法下，一般以各批产品生产周期作为成本计算期，即于各批或订单号产品生产完工时计算产品生产成本。由于各批产品的生产周期不一致，不一定是在月末完工，因此，分批法的成本计算是不定期的。

3. 一般不需要分配在产品成本

在分批法下，由于一般是在该批产品全部完工时才计算该批产品成本，因此在计算某批产品成本时，该批产品已全部完工，不存在生产成本在完工产品与在产品之间的分配。只有在批量较大、产品跨月陆续完工并交货的情况下，为了按期确定损益，才需要在月末计算该批产品完工产品与在产品成本。为了简化成本核算工作，可以采用简便的方法，平时各期按计划成本、定额成本计算完工产品成本。

三、了解分批法的适用范围

分批法主要适用于单件、小批量生产的产品成本计算。

任务二 了解分批法产品成本核算的基本程序

分批法产品成本计算的一般程序如下。

1. 确定成本核算对象及成本项目

在分批法下，一般以生产产品的批别或订单号作为成本核算对象，分别设置产品成本明细账（或成本计算单）。

成本项目一般分为直接材料、直接人工和制造费用三个项目。企业可以根据生产特点、各种费用支出的比重及成本管理和核算的要求，增设“燃料及动力”等成本项目。

2. 设置生产成本明细账

在确定成本核算对象和成本项目的基础上，应根据成本核算对象开设生产成本（基本生产成本）明细账（以下简称基本生产成本明细账）或产品成本计算单，用以归集各批产品的生产成本；按基本生产车间设置制造费用明细账，用以归集和分配基本生产车间各种间接的生产费用；按辅助生产车间设置生产成本（辅助生产成本）明细账（以下简称辅助生产成本明细账），用以归集和分配辅助生产车间的生产费用。

3. 归集和分配生产费用

根据基本生产成本明细账、辅助生产成本明细账、制造费用明细账进行归集和分配生产费用，包括归集和分配各种要素费用、辅助生产费用和制造费用。

4. 计算和结转完工产品成本

根据基本生产成本明细账和各批产品的产量情况，计算各批产品成本，包括总成本和单位成本、结转完工产品成本。

从成本计算方法看，分批法是按生产产品批别或订单号作为成本核算对象。从本质上看，某批产品既是产品，也是一种品种，因此，各批产品生产费用的归集和分配等成本核算与品种法基本相同。

分批法产品成本计算的基本程序如图 3-1 所示。

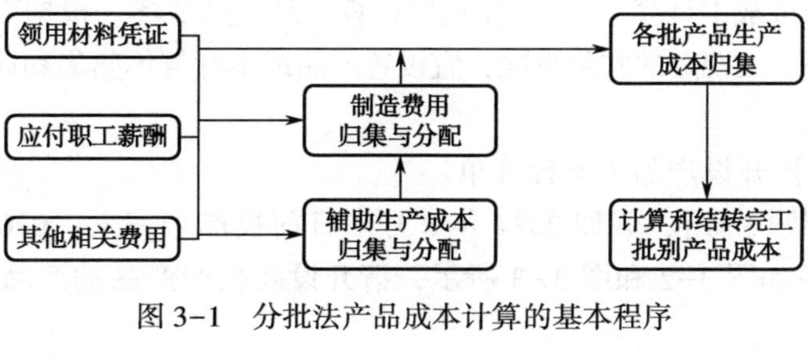

图 3-1 分批法产品成本计算的基本程序

本项目以小型制造企业为例，介绍分批法成本核算的操作步骤和核算方法。

【企业背景】南华市英华服装有限公司是专业生产各种定制服装的小型企业，为增值税一般纳税人。根据生产特点采用分批法核算产品成本。企业内设基本生产车间和机修车间（辅助生产车间）。

任务三　掌握分批法产品成本核算的步骤和方法

一、确定成本核算对象和成本项目

在分批法下，一般以生产产品的批别或订单号作为成本核算对象，并根据企业产品生产特点和管理要求，正确确定成本核算对象和成本项目。

【例题 3-1】

【经济业务内容】确定成本核算对象和成本项目。

【情景】南华市英华服装有限公司背景资料。假如 2024 年 8 月 1 日下达的生产任务通知单如表 3-1 所示。

表 3-1　2024 年 8 月份生产任务通知单

生产批号	产品名称	计量单位	生产批量	投产日期	完工日期	备　注
0705	男西服	套	2 000	7 月 20 日	8 月 20 日	完工时一次性交货
0706	女西服	套	1 000	7 月 26 日	8 月 20 日	完工时一次性交货
0801	学生校服	套	4 000	8 月 1 日	8 月 31 日	完工时一次性交货
0802	皮夹克	件	3 000	8 月 1 日	9 月 20 日	完工时一次性交货

【分析】

南华市英华服装有限公司是按批投产的，根据实际情况，应分别以生产批号为成本核算对象，一般下设直接材料、直接人工和制造费用三个成本项目。

二、设置生产成本明细账

为了正确核算产品的生产成本，企业应根据成本核算对象、成本计算程序和管理要求，开设相关成本明细账（或成本计算单），以便正确计算产品生产成本。根据南华市英华服装有限公司产品生产批量小、工期短的实际情况，宜设置产品成本计算单归集和计算产品成本。

【例题 3-2】

【经济业务内容】开设产品成本计算单。

【情景】接【例题 3-1】，假如 2024 年 8 月 1 日前投产未完工“0705”、“0706”两批在产品的成本计算单如图 3-2 和图 3-3 所示，请开设新投产产品的产品成本计算单及相关成本明细账。

产品成本计算单

生产批号：0705　　计量单位：套　　投产日期：2024年7月15日

产品名称：男西服　　生产批量：2 000　　完工日期：2024年8月20日

2024年		记账凭证		摘要	成本项目			
月	日	字	号		合计	直接材料	直接人工	制造费用
7	31	记	85	材料费用分配	238 300.00	238 300.00		
	31	记	86	分配职工薪酬	84 143.00		84 143.00	
	31	记	87	预提电费	756.00			756.00
	31	记	88	分配制造费用	10 929.98			10 929.98
				本月合计	334 128.98	238 300.00	84 143.00	11 685.98

图 3-2　产品成本计算单

产品成本计算单

生产批号：0706　　计量单位：套　　投产日期：2024年7月18日

产品名称：女西服　　生产批量：1 000　　完工日期：2024年8月20日

2024年		记账凭证		摘要	成本项目			
月	日	字	号		合计	直接材料	直接人工	制造费用
7	31	记	85	材料费用分配	110 396.00	110 396.00		
	31	记	86	分配职工薪酬	42 071.50		42 071.50	
	31	记	87	预提电费	320.00			320.00
	31	记	88	分配制造费用	5 522.99			5 522.99
				本月合计	158 310.49	110 396.00	42 071.50	5 842.99

图 3-3　产品成本计算单

【分析】

上月投产的“0705”男西服、“0706”女西服两批产品已于投产当月开设了产品成本计算单，并已登记了当月发生的生产费用，应补充开设新投产的“0801”学生校服、“0802”皮夹克两批产品的产品成本计算单和辅助生产成本、制造费用明细账。

【操作过程】

根据以上2024年8月资料开设新投产产品的产品成本计算单、辅助生产成本、制造费用明细账（见图3-4~图3-7）。

产品成本计算单

生产批号：0801　　计量单位：套　　投产日期：2024年8月1日

产品名称：学生校服　　生产批量：4 000　　完工日期：2024年8月31日

2024年		记账凭证		摘　　要	成　本　项　目			
月	日	字	号		合　　计	直接材料	直接人工	制造费用

图 3-4　产品成本计算单

产品成本计算单

生产批号：0802　　计量单位：件　　投产日期：2024年8月1日

产品名称：皮夹克　　生产批量：3 000　　完工日期：2024年9月20日

2024年		记账凭证		摘　　要	成　本　项　目			
月	日	字	号		合　　计	直接材料	直接人工	制造费用

图 3-5　产品成本计算单

辅助生产成本　明细账

户名：机修车间　　总第____页　分第____页

2024年		记账凭证		摘　　要	费　用　项　目					
月	日	字	号		合　　计	职工薪酬	折旧费	水电费	其　　他	
			…		…			…		

图 3-6　辅助生产成本明细账

制造费用 明细账

户名：基本生产车间　　　　　　　　　　　　　　　　　　　　　　总第____页分第____页

2024年		记账凭证		摘要	费用项目					
月	日	字	号		合计	职工薪酬	折旧费	水电费	其他	
			…		…			…		

图 3-7　制造费用明细账

小提示

在实际工作中，辅助生产成本明细账、制造费用明细账应于每年年初建账，本案例中1—7月的账簿记录略。

三、归集和分配材料费用

材料费用的归集和分配就是将发出的材料按照受益对象计入相关成本、费用的过程。具体分为直接计入和分配计入两种方法。具体参照品种法归集和分配材料费用。

【例题 3-3】

【经济业务内容】生产领用材料。

【情景】2024 年 8 月 31 日，会计员收到领料单（见图 3-8~图 3-14）。请根据领料凭证编制发料汇总表，并据以编制记账凭证（假如企业此前记账凭证编号已编至记字 70 号，现在从记字 71 号编起）。

领料单

（印章：南华市英华服装有限公司 供应专用章）

领用部门：基本生产车间　　　　2024 年 8 月 1 日　　　　No:4002635

制品名称：0705 男西服　　　　制品数量：2 000 套　　　　制品用途：辅助材料

编号	品名规格	计量单位	单价	请领数量	实发数量	金额
4101	垫肩	对	2.50	2 000	2 000	5 000.00
4201	拉链	米	3.00	400	400	1 200.00
4301	牛角纽扣	颗	3.50	6 000	6 000	21 000.00
4302	牛角纽扣	颗	1.50	14 000	14 000	21 000.00
4504	拉链头	个	1.60	2 000	2 000	3 200.00
4801	缝纫线	轴	4.60	500	500	2 300.00
附件　张				合计		53 700.00

第三联：财务记账

主管 单梅　　　发料 华刚　　　领料 易蓉蓉　　　制单 姜华

图 3-8　领料单

领　料　单

南华市英华服装有限公司 供应专用章

领用部门 基本生产车间　　2024 年 8 月 1 日　　No:4002636

制品名称 0706 女西服　　制品数量 1 000 套　　制品用途 辅助材料

编　号	品名规格	计量单位	单　价	请领数量	实发数量	金　额
4101	垫肩	对	2.50	1 000	1 000	2 500.00
4201	拉链	米	3.00	200	200	600.00
4305	布包纽扣	颗	3.60	2 000	2 000	7 200.00
4307	布包纽扣	颗	1.80	7 000	7 000	12 600.00
4504	拉链头	个	1.60	1 000	1 000	1 600.00
4801	缝纫线	轴	4.60	240	240	1 104.00
附件　　张			合　计			25 604.00

第三联：财务记账

主管：单梅　　发料：华刚　　领料：易蓉蓉　　制单：姜华

图 3-9　领料单

领　料　单

南华市英华服装有限公司 供应专用章

领用部门 基本生产车间　　2024 年 8 月 19 日　　No:4002637

制品名称 0801 学生校服　　制品数量 4 000 套　　制品用途 辅助材料

编　号	品名规格	计量单位	单　价	请领数量	实发数量	金　额
4201	拉链	米	3.00	2 800	2 800	8 400.00
4309	纽扣	颗	1.20	8 000	8 000	9 600.00
4509	拉链头	个	1.60	4 000	4 000	6 400.00
4803	缝纫线	轴	4.20	800	800	3 360.00
附件　　张			合　计			27 760.00

第三联：财务记账

主管：单梅　　发料：华刚　　领料：易蓉蓉　　制单：姜华

图 3-10　领料单

领 料 单

领用部门 基本生产车间　　2024 年 8 月 28 日　　No:4002638

制品名称 0802 皮夹克　　制品数量 3 000 件　　制品用途 辅助材料

编　号	品名规格	计量单位	单　价	请领数量	实发数量	金　额
4101	垫肩	对	2.50	3 000	3 000	7 500.00
4207	拉链	米	3.60	2 400	2 400	8 640.00
4311	牛角纽扣	颗	2.50	6 000	6 000	15 000.00
4511	拉链头	个	2.80	3 000	3 000	8 400.00
4801	缝纫线	轴	4.60	460	460	2 116.00
附件　　张				合　计		41 656.00

第三联：财务记账

主管：单梅　　发料：华刚　　领料：易蓉蓉　　制单：姜华

图 3-11　领料单

限额领料单

领料车间：基本生产车间　　No:6006923

用　途：0801 学生校服　　制单日期：2024 年 8 月 1 日

<table>
<tr><td>限额</td><td>材料编号</td><td></td><td>材料名称</td><td></td><td>计量单位</td><td>计划产量</td><td>单位消耗定额</td><td>领用限额</td></tr>
<tr><td>资料</td><td>3102</td><td></td><td>纯毛面料</td><td></td><td>米</td><td>4 000</td><td>2.4</td><td>9 600</td></tr>
<tr><td rowspan="8">领用记录</td><td colspan="2">日　期</td><td rowspan="2">数　量</td><td rowspan="2">单　价</td><td rowspan="2">金　额</td><td rowspan="2">限额结余</td><td rowspan="2">领 料 人</td><td rowspan="2">发 料 人</td></tr>
<tr><td>月</td><td>日</td></tr>
<tr><td>8</td><td>1</td><td>5 000</td><td>20</td><td>100 000</td><td>4 600</td><td>易蓉蓉</td><td>华刚</td></tr>
<tr><td>8</td><td>9</td><td>4 600</td><td>20</td><td>92 000</td><td>0</td><td>易蓉蓉</td><td>华刚</td></tr>
<tr><td></td><td></td><td></td><td></td><td></td><td></td><td></td><td></td></tr>
<tr><td></td><td></td><td></td><td></td><td></td><td></td><td></td><td></td></tr>
<tr><td></td><td></td><td></td><td></td><td></td><td></td><td></td><td></td></tr>
<tr><td></td><td></td><td></td><td></td><td></td><td></td><td></td><td></td></tr>
<tr><td rowspan="5">汇总记录</td><td colspan="2">日　期</td><td rowspan="2">数　量</td><td rowspan="2">单　价</td><td rowspan="2">金　额</td><td rowspan="2">限额结余</td><td rowspan="2">会 计 员</td><td rowspan="2">备　注</td></tr>
<tr><td>月</td><td>日</td></tr>
<tr><td>8</td><td>31</td><td>9 600</td><td></td><td>192 000</td><td>0</td><td>姜剑军</td><td></td></tr>
<tr><td></td><td></td><td></td><td></td><td></td><td></td><td></td><td></td></tr>
<tr><td></td><td></td><td></td><td></td><td></td><td></td><td></td><td></td></tr>
</table>

第二联　财务记账

主管：单梅　　会计：姜剑军　　制单：姜华

图 3-12　限额领料单

限额领料单

领料车间：基本生产车间　　　　　　　　　　　　　　　　No:6006924

用　　途：0802皮夹克　　　　　　　　　　　制单日期：2024 年 8 月 1 日

限额资料	材料编号		材料名称		计量单位	计划产量	单位消耗定额	领用限额
	3206		粗纺棉料		米	3 000	1.8	5 400
领用记录	日期		数量	单价	金额	限额结余	领料人	发料人
	月	日						
	8	10	2 000	46	92 000	3 400	易蓉蓉	华刚
	8	20	2 000	46	92 000	1 400	易蓉蓉	华刚
汇总记录	日期		数量	单价	金额	限额结余	会计员	备注
	月	日						
	8	31	4 000		184 000	1 400	娄剑军	

第二联　财务记账

主管：单梅　　　　　　　　会计：娄剑军　　　　　　　　制单：姜华

图 3-13　限额领料单

限额领料单

领料车间：基本生产车间　　　　　　　　　　　　　　　　No:6006925

用　　途：0802皮夹克　　　　　　　　　　　制单日期：2024 年 8 月 1 日

限额资料	材料编号		材料名称		计量单位	计划产量	单位消耗定额	领用限额
	5208		里布		米	3 000	1.6	4 800
领用记录	日期		数量	单价	金额	限额结余	领料人	发料人
	月	日						
	8	10	1 800	15	27 000	3 000	易蓉蓉	华刚
	8	20	1 800	15	27 000	1 200	易蓉蓉	华刚
汇总记录	日期		数量	单价	金额	限额结余	会计员	备注
	月	日						
	8	31	3 600		54 000	1 200	娄剑军	

第二联　财务记账

主管：单梅　　　　　　　　会计：娄剑军　　　　　　　　制单：姜华

图 3-14　限额领料单

【分析】

以上领料单和限额领料单的领用部门、材料用途清楚，受益对象具体、明确，应按受益对象直接计入各批产品的生产成本。

【账务处理过程】

根据领料单及限额领料单编制发料汇总表（见表 3-2）；根据发料汇总表编制记账凭证（见图 3-15 和图 3-16）。

表 3-2 发料汇总表

编制日期：2024 年 8 月 31 日 金额单位：元

材料编号	品名规格	计量单位	单价	0705 男西服		0706 女西服		0801 学生校服		0802 皮夹克		合计	
				数量	金额	数量	金额	数量	金额	数量	金额	数量	金额
3206	粗纺棉料	米	46							4 000	184 000.00	4 000	184 000.00
3102	纯毛面料	米	20					9 600	192 000.00			9 600	192 000.00
5208	里布	米	15							3 600	54 000.00	3 600	54 000.00
	辅助材料	元			53 700.00		25 604.00		27 760.00		41 656.00		148 720.00
合计					53 700.00		25 604.00		219 760.00		279 656.00		578 720.00
附件张数		备注											

主管：赖晓军 复核：娄剑军 制表：尹莉莉

小提示

表 3-2 中部分数据计算方法如下。

各批号（产品）耗用材料费用金额（行）= 该批号（产品）领用材料的单价×数量

各批号（产品）耗用材料费用合计（行）= 该批号（产品）耗用各种材料费用（栏）之和

各种材料领用合计（栏）= 各批号（产品）领用该材料（行）之和

记账凭证

2024 年 8 月 31 日 记 字 71 1/2 号

摘要	总账科目	明细科目	借方金额（千百十万千百十元角分）	✓	贷方金额（千百十万千百十元角分）	✓
生产领用材料	生产成本	基本生产成本（0705 男西服）	5370000			
	生产成本	基本生产成本（0706 女西服）	2560400			
	生产成本	基本生产成本（0801 学生校服）	21976000			
	生产成本	基本生产成本（0802 皮夹克）	27965600			
	原材料	粗纺棉料			18400000	
合计						

附件 张

会计主管：赖晓军 记账： 复核：娄剑军 制单：尹莉莉

图 3-15 记账凭证

记 账 凭 证

2024 年 8 月 31 日　　　　记 字 $71^{2}/_{2}$ 号

摘　要	总账科目	明细科目	借方金额（千百十万千百十元角分）	√	贷方金额（千百十万千百十元角分）	√
生产领用材料	原材料	纯毛面料			19200000	
	原材料	里布			5400000	
	原材料	辅助材料			14872000	
合　计			¥57872000		¥57872000	

附件 8 张

会计主管：赖晓军　　记账：　　复核：娄剑军　　制单：尹莉莉

图 3-16　记账凭证

小提示

图 3-15 和图 3-16 中部分数据来源如下。

各产品、部门耗用材料费用合计（借方），根据表 3-2 中的该产品、部门耗用各种材料费用的合计（行）填列。

各种材料领用合计（贷方），根据表 3-2 中各产品、部门耗用该材料费用的合计（栏）填列。

四、归集和分配人工费用

人工费用的归集和分配，就是将企业发生的应付职工薪酬，按照受益对象计入相关成本、费用的过程。具体分为直接计入和分配计入两种方法，具体分配方法参阅品种法归集和分配人工费用。

【例题 3-4】

【经济业务内容】分配应付职工薪酬。

【情景】会计员根据 2024 年 8 月份应付职工薪酬情况编制的应付职工薪酬汇总表如表 3-3所示，各批产品生产工时定额如表 3-4 所示。请按照生产工时比例进行分配，计算编制生产工人人工费用分配表，并根据应付职工薪酬汇总表和生产工人人工费用分配表编制记账凭证。

表 3-3　2024 年 8 月应付职工薪酬汇总表

编制日期：2024 年 8 月 31 日　　　　金额单位：元

部　门		应付工资	单位缴纳社会保险费	单位缴纳的住房公积金	职工福利费	工会经费	职工教育经费	合　计
基本生产车间	生产工人	226 000.00	67 800.00	22 600.00	28 500.00	4 520.00	2 280.00	351 700.00
	管理人员	12 800.00	3 840.00	1 280.00	1 560.00	256.00	260.00	19 996.00
机修车间		12 600.00	2 940.00	980.00	1 200.00	196.00	200.00	18 116.00
行政管理人员		38 600.00	11 580.00	3 860.00	5 200.00	772.00	600.00	60 612.00
合　计		290 000.00	86 160.00	28 720.00	36 460.00	5 744.00	3 340.00	450 424.00

表 3-4　2024 年 8 月生产工时统计表

2024年 8 月 31 日

生产批号	产品名称	计量单位	产　量	生产工时	备　注
0705	男西服	套	2 000	4 200	上月未完工
0706	女西服	套	1 000	2 100	上月未完工
0801	学生校服	套	4 000	10 400	本月完工
0802	皮夹克	件	3 000	3 300	本月未完工
合　计				20 000	

【分析】

表 3-3 中，除基本生产车间生产工人薪酬外，其他部门人员薪酬的归属、受益对象具体、明确，应按受益对象直接计入相关成本、费用，其中基本生产车间管理人员薪酬，直接计入制造费用；机修车间人员薪酬，直接计入辅助生产成本；行政管理人员薪酬，直接计入管理费用。

基本生产车间生产工人是共同生产各批产品的，应按照生产工时比例分配计入各批产品的生产成本。

【账务处理过程】

根据基本生产车间生产工人薪酬和生产工时比例编制的生产工人人工费用分配表如表 3-5所示；根据应付职工薪酬汇总表和人工费用分配表编制记账凭证（见图 3-17 和图 3-18）。

表 3-5　生产工人人工费用分配表

编制日期：2024 年 8 月 31 日　　　　金额单位：元

生产批号	产品名称	生产工时	分 配 率	应分配金额
0705	男西服	4 200	17.585	73 857.00
0706	女西服	2 100	17.585	36 928.50
0801	学生校服	10 400	17.585	182 884.00
0802	皮夹克	3 300	17.585	58 030.50
合　计		20 000.00		351 700.00

小提示

表 3-5 中部分数据的计算方法如下。

分配率 = 应分配金额合计 ÷ 生产工时定额合计

应分配金额（栏）= 生产工时 × 分配率

记账凭证

2024年 8 月 31 日　　　　记 字 72 1/2 号

摘要	总账科目	明细科目	借方金额										√	贷方金额										√
			千	百	十	万	千	百	十	元	角	分		千	百	十	万	千	百	十	元	角	分	
分配本月职工薪酬	生产成本	基本生产成本（0705男西服）				7	3	8	5	7	0	0												
	生产成本	基本生产成本（0706女西服）				3	6	9	2	8	5	0												
	生产成本	基本生产成本（0801学生校服）			1	8	2	8	8	4	0	0												
	生产成本	基本生产成本（0802皮夹克）				5	8	0	3	0	5	0												
	生产成本	辅助生产成本（机修车间）				1	8	1	1	6	0	0												
合计																								

附件 张

会计主管：赖晓军　　记账：　　复核：娄剑军　　制单：尹莉莉

图 3-17　记账凭证

记账凭证

2024 年 8 月 31 日　　　　记 字 72 2/2 号

摘要	总账科目	明细科目	借方金额										√	贷方金额										√
			千	百	十	万	千	百	十	元	角	分		千	百	十	万	千	百	十	元	角	分	
分配本月职工薪酬	制造费用	基本生产车间				1	9	9	9	6	0	0												
	管理费用					6	0	6	1	2	0	0												
	应付职工薪酬															4	5	0	4	2	4	0	0	
合计				¥	4	5	0	4	2	4	0	0			¥	4	5	0	4	2	4	0	0	

附件 3 张

会计主管：赖晓军　　记账：　　复核：娄剑军　　制单：尹莉莉

图 3-18　记账凭证

小提示

图 3-17 和图 3-18 中部分数据的来源如下。

各批产品的人工费用（借方），根据表 3-5 中该产品应分配金额填列。

其他各部门人工费用（借方），根据表 3-3 中的该部门人工费用合计填列。

应付职工薪酬（贷方），根据表 3-3 中的各薪酬项目合计数之和（合计）填列。

五、归集和分配外购动力费用

外购动力费用的归集和分配，就是将企业发生的外购动力费用，按照受益对象计入相关成本、费用的过程。具体分为直接计入和分配计入两种方法，具体分配方法参见品种法。

【例题 3-5】

【经济业务内容】预提本月电费。

【情景】会计员根据 2024 年 8 月份各部门用电情况编制的电费耗用统计表如表 3-6 所示。请按照生产工时（见表 3-4）比例编制产品生产用电费用分配表，并根据电费耗用情况统计表和产品生产用电费用分配表编制预提电费的记账凭证。

表 3-6　电费耗用统计表

编制日期：2024 年 8 月 31 日　　　　金额单位：元

部　门		计量单位	数　量	单　价	金　额
基本生产车间	直接产品生产耗用	千瓦·时	5 000	0.60	3 000.00
	车间一般耗用	千瓦·时	1 600	0.60	960.00
机修车间耗用		千瓦·时	1 600	0.60	960.00
行政管理部门耗用		千瓦·时	1 200	0.60	720.00
合　计			9 400		5 640.00

【分析】

表 3-6 中，除基本生产车间直接产品生产电费耗用外，其他部门电费耗用的归属、受益对象具体、明确，应按受益对象直接计入相关成本、费用，其中基本生产车间一般电费耗用，直接计入制造费用；机修车间电费耗用，直接计入辅助生产成本；行政管理部门电费耗用，直接计入管理费用。

基本生产车间直接产品生产耗用是各批产品生产共同耗用的，应按照生产工时比例分配计入各批产品的生产成本。

【账务处理过程】

根据基本生产车间直接产品生产耗用和生产工时比例编制的直接生产用电费用分配表如表 3-7 所示；根据电费耗用统计表和直接生产用电费用分配表编制预提电费的记账凭证（见图 3-19和图 3-20）。

表 3-7　直接生产用电费用分配表

编制日期：2024 年 8 月 31 日　　　　金额单位：元

生产批号	产品名称	生产工时	分 配 率	应分配金额
0705	男西服	4 200.00	0.15	630.00
0706	女西服	2 100.00	0.15	315.00
0801	学生校服	10 400.00	0.15	1 560.00
0802	皮夹克	3 300.00	0.15	495.00
合　计		20 000.00		3 000.00

小提示

表 3-7 中部分数据计算方法如下。

① 分配率 = 应分配金额合计÷生产工时合计

分配率 = 3 000÷20 000 = 0. 15

② 应分配金额（某一行）= 工时定额×分配率

如："0705"男西服"应分配金额" = 4 200×0. 15 = 630（元）

记 账 凭 证

2024年 8 月 31 日　　　　记 字 73 1/2 号

摘要	总账科目	明细科目	借方金额										√	贷方金额										√
			千	百	十	万	千	百	十	元	角	分		千	百	十	万	千	百	十	元	角	分	
预提本月电费	生产成本	基本生产成本（0705男西服）						6	3	0	0	0												
	生产成本	基本生产成本（0706女西服）						3	1	5	0	0												
	生产成本	基本生产成本（0801学生校服）					1	5	6	0	0	0												
	生产成本	基本生产成本（0802皮夹克）						4	9	5	0	0												
	生产成本	辅助生产成本（机修车间）						9	6	0	0	0												
合计																								

附件 张

会计主管：赖晓军　　记账：　　复核：娄剑军　　制单：尹莉莉

图 3-19　记账凭证

记 账 凭 证

2024 年 8 月 31 日　　　　记 字 73 2/2 号

摘要	总账科目	明细科目	借方金额										√	贷方金额										√
			千	百	十	万	千	百	十	元	角	分		千	百	十	万	千	百	十	元	角	分	
预提本月电费	制造费用	基本生产车间						9	6	0	0	0												
	管理费用							7	2	0	0	0												
	应付账款	电力公司																5	6	4	0	0	0	
合计						¥	5	6	4	0	0	0					¥	5	6	4	0	0	0	

附件 2 张

会计主管：赖晓军　　记账：　　复核：娄剑军　　制单：尹莉莉

图 3-20　记账凭证

六、归集和分配折旧费用

固定资产折旧费是按照固定资产的使用部门归集，然后再与车间、部门的其他费用一起分配计入产品成本及期间费用。

【例题 3-6】

【经济业务内容】计提固定资产折旧。

【情景】会计员根据2024年8月份固定资产使用情况及折旧标准编制的固定资产折旧计算表如表3-8所示。请根据固定资产折旧计算表编制计提固定资产折旧的记账凭证。

表 3-8　固定资产折旧计算表

编制日期：2024年8月31日　　　　　　　　　　　　　　　　　　金额单位：元

使用部门	固定资产类别	原始价值	月综合折旧率	合计金额
基本生产车间	厂房	500 000	0.45%	2 250.00
	设备	200 000	1.25%	2 500.00
	小　计	700 000		4 750.00
机修车间	厂房	300 000	0.45%	1 350.00
	设备	180 000	1.25%	2 250.00
	小　计	480 000		3 600.00
管理部门	房屋及建筑物	800 000	0.45%	3 600.00
	交通工具	100 000	1.00%	1 000.00
	小　计	900 000		4 600.00
合　计		2 080 000		12 950.00

【分析】

表3-8中，折旧费用的归属、受益对象具体、明确，应按受益对象直接计入相关成本、费用，其中基本生产车间折旧费用直接计入制造费用；机修车间折旧费用直接计入辅助生产成本；行政管理部门折旧费用直接计入管理费用。

【账务处理过程】

根据表3-8固定资产折旧计算表编制计提折旧的记账凭证（见图3-21）。

记 账 凭 证

2024年8月31日　　　　　　　　记 字 74 号

摘要	总账科目	明细科目	借方金额（千百十万千百十元角分）	√	贷方金额（千百十万千百十元角分）	√
计提固定	生产成本	辅助生产成本（机修车间）	360000			
资产折旧	制造费用	基本生产车间	475000			
	管理费用		460000			
	累计折旧				1295000	
合　计			¥1295000		¥1295000	

附件 1 张

会计主管：赖晓军　　记账：　　复核：娄剑军　　制单：尹莉莉

图 3-21　记账凭证

七、归集和分配辅助生产费用

（一）辅助生产费用的归集

辅助生产费用的归集，是通过“生产成本——辅助生产成本（机修车间）”账户进行的。

【例题 3-7】

【经济业务内容】登记辅助生产成本明细账。

【情景】2024 年 8 月份发生的与辅助生产成本有关的经济业务如【例题 3-3】~【例题 3-6】所示，请根据相关记账凭证及其所附的原始凭证登记机修车间辅助生产成本明细账，并结出余额。

【分析】

【例题 3-3】~【例题 3-6】中，已根据相关费用的归属、受益对象进行编制记账凭证，应根据相关记账凭证的“生产成本——辅助生产成本（机修车间）”科目登记“辅助生产成本明细账”，并计算本月合计。

【账务处理过程】

根据【例题 3-3】~【例题 3-6】中相关记账凭证登记的“辅助生产成本”明细账，如图 3-22 所示。

辅助生产成本 明 细 账

户名：机修车间　　　　总第__页　分第__页

2024年		记账凭证		摘　　要	费　用　项　目					
月	日	字	号		合　计	职工薪酬	折旧费	水电费	其　他	
			…			…		…		
8	31	记	72	分配职工薪酬	18 116.00	18 116.00				
	31	记	73	预提电费	960.00			960.00		
	31	记	74	计提折旧	3 600.00		3 600.00			
				本月合计	22 676.00	18 116.00	3 600.00	960.00		

图 3-22　辅助生产成本明细账

（二）辅助生产费用的分配

辅助生产成本应根据受益对象，按照一定的分配标准分配计入相关成本、费用。

辅助生产费用分配方法主要有直接分配法、交互分配法和计划成本分配法等，具体方法参阅品种法归集和分配辅助生产费用。

【例题 3-8】

【经济业务内容】分配辅助生产成本。

【情景】2024 年 8 月份发生的辅助生产费用如图 3-22 所示；假如机修车间本月为基本生产车间和管理部门提供服务分别为 450 工时和 50 工时，请根据辅助生产费用和提供服务工时比例进行分配，计算编制辅助生产费用分配表，并据以编制记账凭证。

【分析】

图 3-22 表明，本月发生的辅助生产费用为 22 676 元，应按照受益对象的生产工时比例分配计入相关成本、费用。

【账务处理过程】

根据辅助生产费用总额和受益对象的工时比例编制的辅助生产费用分配表如表 3-9 所示；根据辅助生产费用分配表编制记账凭证（见图 3-23）。

表 3-9 辅助生产费用分配表

编制日期：2024 年 8 月 31 日　　　　金额单位：元

项　　目	工　　时	分 配 率	分配金额
基本生产车间	450	45.35	20 408.40
管理部门	50	45.35	2 267.60
合　　计	500		22 676.00

小提示

表 3-9 中部分数据的计算方法如下。

①“应分配金额合计”根据“辅助生产明细账”中的本月合计金额填列。

② 分配率 = 应分配金额合计 ÷ 工时合计

分配率 = 22 676÷500 = 45. 35

③ 应分配金额（某一行）= 工时×分配率

如：基本生产车间“应分配金额” = 450×45. 35 = 20 408. 40（元）

记 账 凭 证

2024年　8　月　31　日　　　　记　字　75　号

摘　　要	总账科目	明细科目	借方金额（千百十万千百十元角分）	√	贷方金额（千百十万千百十元角分）	√
分配辅助生产费用	制造费用	基本生产车间	2 0 4 0 8 4 0			
	管理费用	修理费	2 2 6 7 6 0			
	生产成本	辅助生产成本（机修车间）			2 2 6 7 6 0 0	
合　　计			¥ 2 2 6 7 6 0 0		¥ 2 2 6 7 6 0 0	

附件 1 张

会计主管：郑建雄　　记账：　　复核：凌华丽　　制单：李莉

图 3-23 记账凭证

八、归集和分配制造费用

（一）制造费用的归集

制造费用的归集是通过“制造费用”账户进行的。

【例题 3-9】

【经济业务内容】登记制造费用明细账。

【情景】2024 年 8 月份发生的与制造费用有关的经济业务如【例题 3-3】~【例题 3-8】所示，请根据相关记账凭证及其所附的原始凭证登记“制造费用——基本生产车间”明细账，并结出本月合计。

【分析】

在【例题 3-3】~【例题 3-8】中，已根据相关费用的归属、受益对象编制了记账凭证，应根据相关记账凭证的“制造费用——基本生产车间”科目登记制造费用明细账，并计算本月合计。

【账务处理过程】

根据【例题 3-3】~【例题 3-8】中相关记账凭证登记的“制造费用——基本生产车间”明细账，如图 3-24 所示。

（二）制造费用的分配

基本生产车间发生的制造费用应根据受益对象，按照一定的分配标准分配计入相关的产品生产成本。

【例题 3-10】

【经济业务内容】分配制造费用。

【情景】8 月份发生的制造费用如图 3-24 所示。请按照表 3-4 生产工时定额的比例编制制造费用分配表，并据以编制记账凭证。

制造费用 明 细 账

户名：基本生产车间　　　　总第____页分第 1 页

2024年		记账凭证		摘要	费用项目					
月	日	字	号		合计	职工薪酬	折旧费	水电费	其他	
		…			…			…		
8	31	记	72	分配职工薪酬	19 996.00	19 996.00				
	31	记	73	预提电费	960.00			960.00		
	31	记	74	计提折旧	4 750.00		4 750.00			
	31	记	75	分配辅助生产费用	20 408.40				20 408.40	
				本月合计	46 114.40	19 996.00	4 750.00	960.00	20 408.40	

图 3-24　制造费用明细账

【分析】

图 3-24 表明，本月发生的制造费用为 46 114.40 元，应按受益对象的生产工时比例分

配计入相关产品成本。

【账务处理过程】

根据制造费用总额和各批产品生产工时比例编制的制造费用分配表如表 3-10 所示；根据制造费用分配表编制记账凭证（见图 3-25）。

表 3-10　制造费用分配表

编制日期：2024 年 8 月 31 日　　　　金额单位：元

生产批号	产品名称	工时定额	分 配 率	应分配金额
0705	男西服	4 200.00	2.305 72	9 684.02
0706	女西服	2 100.00	2.305 72	4 842.01
0801	学生校服	10 400.00	2.305 72	23 979.49
0802	皮夹克	3 300.00	2.305 72	7 608.88
合　计		20 000.00		46 114.40

小提示

表 3-10 中部分数据的计算方法如下。

①“应分配金额合计”根据“制造费用明细账”中的本月合计金额填列。

② 分配率 = 应分配金额合计÷生产工时合计

分配率 = 46 114. 40÷20 000 = 2. 305 72

③ 应分配金额（某一行）= 生产工时×分配率

如：“0705 男西服”“应分配金额” = 4 200×2. 30 572 = 9 684. 02（元）

记 账 凭 证

2024年　8　月　31　日　　　　记　字　76　号

摘　要	总账科目	明细科目	借方金额										√	贷方金额										√
			千	百	十	万	千	百	十	元	角	分		千	百	十	万	千	百	十	元	角	分	
分配制造费用	生产成本	基本生产成本（0705 男西服）					9	6	8	4	0	2												
	生产成本	基本生产成本（0706 女西服）					4	8	4	2	0	1												
	生产成本	基本生产成本（0801 学生校服）				2	3	9	7	9	4	9												
	生产成本	基本生产成本（0802 皮夹克）					7	6	0	8	8	8												
	制造费用	基本生产车间															4	6	1	1	4	4	0	
合　　计					¥	4	6	1	1	4	4	0				¥	4	6	1	1	4	4	0	

附件 1 张

会计主管：赖晓军　　记账：　　复核：娄剑军　　制单：尹莉莉

图 3-25　记账凭证

九、计算和结转完工产品成本

（一）生产成本的归集

在分批法下，生产成本的归集是通过“生产成本（基本生产成本）”按产品生产批别或订单号（成本核算对象）明细账户进行的，企业在生产经营过程中发生的各种生产费用，应直接或分配计入各批产品（成本核算对象）生产成本。通过编制记账凭证和登记账簿，将生产过程中发生的各种生产费用全部归集到“生产成本（基本生产成本）”账户的各批产品明细账户中，构成了各批产品的生产成本。

【例题 3-11】

【经济业务内容】登记生产成本明细账。

【情景】8 月份发生的应计入产品生产成本的经济业务如【例题 3-3】~【例题 3-10】所示，请根据相关记账凭证及其所附的原始凭证登记产品成本计算单，并计算各产品成本计算单累计发生额。

【分析】

【例题 3-3】~【例题 3-10】中，已根据相关费用的归属、受益对象编制了记账凭证，应根据相关记账凭证的“生产成本（基本生产车间）”科目登记各批产品（成本核算对象）的“生产成本计算单”，并计算各产品成本计算单的生产成本累计发生额。

【账务处理过程】

根据【例题 3-3】~【例题 3-10】中相关记账凭证登记的产品成本计算单如图 3-26~图 3-29 所示。

产品成本计算单

生产批号：0705　　计量单位：套　　投产日期：2024年7月15日

产品名称：男西服　　生产批量：2 000　　完工日期：2024年8月20日

2024年		记账凭证		摘要	成本项目			
月	日	字	号		合计	直接材料	直接人工	制造费用
7	31	记	85	材料费用分配	238 300.00	238 300.00		
	31	记	86	分配职工薪酬	84 143.00		84 143.00	
	31	记	87	预提电费	756.00			756.00
	31	记	88	分配制造费用	10 929.98			10 929.98
				本月合计	334 128.00	238 300.00	84 143.00	11 685.98
8	31	记	71	材料费用分配	53 700.00	53 700.00		
	31	记	72	分配职工薪酬	73 857.00		73 857.00	
	31	记	73	预提电费	630.00			630.00
	31	记	76	分配制造费用	9 684.02			9 684.02
				本月合计	137 871.00	53 700.00	73 857.00	10 314.02
				本月累计	472 000.00	292 000.00	158 000.00	22 000.00

图 3-26　产品成本计算单

产品成本计算单

生产批号：0706　计量单位：套　投产日期：2024年7月18日

产品名称：女西服　生产批量：1000　完工日期：2024年8月20日

2024年		记账凭证		摘要	成本项目			
月	日	字	号		合计	直接材料	直接人工	制造费用
7	31	记	85	材料费用分配	110 396.00	110 396.00		
	31	记	86	分配职工薪酬	42 071.50		42 071.50	
	31	记	87	预提电费	320.00			320.00
	31	记	88	分配制造费用	5 522.99			5 522.99
				本月合计	158 310.49	110 396.00	42 071.50	5 842.99
8	31	记	71	材料费用分配	25 604.00	25 604.00		
	31	记	72	分配职工薪酬	36 928.50		36 928.50	
	31	记	73	预提电费	315.00			315.00
	31	记	76	分配制造费用	4 842.01			4 842.01
				本月合计	67 689.51	25 604.00	36 928.50	5 157.01
				本月累计	226 000.00	136 000.00	79 000.00	11 000.00

图 3-27　产品成本计算单

产品成本计算单

生产批号：0801　计量单位：套　投产日期：2024年8月1日

产品名称：学生校服　生产批量：4000　完工日期：2024年8月31日

2024年		记账凭证		摘要	成本项目			
月	日	字	号		合计	直接材料	直接人工	制造费用
8	31	记	71	材料费用分配	219 760.00	219 760.00		
	31	记	72	分配职工薪酬	182 884.00		182 884.00	
	31	记	73	预提电费	1 560.00			1 560.00
	31	记	76	分配制造费用	23 979.49			23 979.49
				本月合计	428 183.49	219 760.00	182 884.00	25 539.49

图 3-28　产品成本计算单

产品成本计算单

生产批号：	0802	计量单位：	件	投产日期：	2024年8月1日
产品名称：	皮夹克	生产批量：	3 000	完工日期：	2024年9月20日

2024年		记账凭证		摘要	成本项目			
月	日	字	号		合计	直接材料	直接人工	制造费用
8	31	记	71	材料费用分配	279 656.00	279 656.00		
	31	记	72	分配职工薪酬	58 030.50		58 030.50	
	31	记	73	预提电费	495.00			495.00
	31	记	76	分配制造费用	7 608.88			7 608.88
				本月合计	345 790.38	279 656.00	58 030.50	8 103.88

图 3-29　产品成本计算单

通过以上产品成本计算单，可以看出各批号产品生产成本截至 8 月 31 日的生产成本发生额合计，如果期末某生产批号产品全部完工，该生产成本发生额合计则为该批产品的总成本；如果期末产品全部未完工，该生产成本发生额合计则为该批产品的期末在产品成本；如果期末部分完工，则根据需要将该生产成本在完工产品与月末在产品之间进行分配，分别计算完工产品成本和期末在产品成本，具体方法参照品种法。在分批法下，一般不需要将生产成本在完工产品与月末在产品之间进行分配。

（二）计算完工产品成本

在分批法下，各生产批号的产品成本一般于该批产品全部完工的当月计算，该批产品投产数量一般就是完工产品数量，可以通过产品入库凭证或库存商品明细账计算确定。用产品成本计算单的生产成本发生额合计除以完工产品数量则为该批产品的单位成本。

【例题 3-12】

【经济业务内容】计算完工产品成本。

【情景】8 月份产品产量情况如表 3-11 所示，各批产品生产成本如图 3-26～图 3-29 所示。请根据相关资料计算各批完工产品的单位成本。

表 3-11　2024 年 8 月产品产量统计表

生产批号	产品名称	计量单位	期初在产品	本期投产	本期完工	期末在产品	期末在产品完工程度
0705	男西服	套	2 000		2 000	0	
0706	女西服	套	1 000		1 000	0	
0801	学生校服	套		4 000	4 000	0	
0802	皮夹克	件		3 000		3 000	50%

【分析】

以上资料中，本月生产 4 批产品，其中 3 批已全部完工，应计算该批产品的单位成本，以便结转完工产品成本；已知各批产品的生产成本总额和各批产品的完工产品产量，应将各批产品成本计算单的生产成本总额除以该批产品的完工产品产量，计算单位成本。

【账务处理过程】

根据相关资料编制的完工产品的产品成本计算单如图 3-30～图 3-32 所示。

产品成本计算单

生产批号：0705 计量单位：套 投产日期：2024年7月15日

产品名称：男西服 生产批量：2 000 完工日期：2024年8月20日

2024年		记账凭证		摘要	成本项目			
月	日	字	号		合计	直接材料	直接人工	制造费用
7	31	记	85	材料费用分配	238 300.00	238 300.00		
	31	记	86	分配职工薪酬	84 143.00		84 143.00	
	31	记	87	预提电费	756.00			756.00
	31	记	88	分配制造费用	10 929.98			10 929.98
				本月合计	334 128.98	238 300.00	84 143.00	11 685.98
8	31	记	71	材料费用分配	53 700.00	53 700.00		
	31	记	72	分配职工薪酬	73 857.00		73 857.00	
	31	记	73	预提电费	630.00			630.00
	31	记	76	分配制造费用	9 684.02			9 684.02
				本月合计	137 871.02	53 700.00	73 857.00	10 314.02
				生产成本合计	472 000.00	292 000.00	158 000.00	22 000.00
				完工产品产量	2 000	2 000	2 000	2 000
				单位成本	236.00	146.00	79.00	11.00

图 3-30　产品成本计算单

产品成本计算单

生产批号：0706 计量单位：套 投产日期：2024年7月18日

产品名称：女西服 生产批量：1 000 完工日期：2024年8月20日

2024年		记账凭证		摘要	成本项目			
月	日	字	号		合计	直接材料	直接人工	制造费用
7	31	记	85	材料费用分配	110 396.00	110 396.00		
	31	记	86	分配职工薪酬	42 071.50		42 071.50	
	31	记	87	预提电费	320.00			320.00
	31	记	88	分配制造费用	5 522.99			5 522.99
				本月合计	158 310.49	110 396.00	42 071.49	5 842.99
8	31	记	71	材料费用分配	25 604.00	25 604.00		
	31	记	72	分配职工薪酬	36 928.50		36 928.50	
	31	记	73	预提电费	315.00			315.00
	31	记	76	分配制造费用	4 842.01			4 842.01
				本月合计	67 689.51	25 604.00	36 928.50	5 157.01
				生产成本合计	226 000.00	136 000.00	79 000.00	11 000.00
				完工产品产量	1 000	1 000	1 000	1 000
				单位成本	226.00	136.00	79.00	11.00

图 3-31　产品成本计算单

产品成本计算单

生产批号：0801　　计量单位：套　　投产日期：2024年8月1日

产品名称：学生校服　　生产批量：4 000　　完工日期：2024年8月31日

2024年		记账凭证		摘　　要	成　本　项　目			
月	日	字	号		合　　计	直接材料	直接人工	制造费用
8	31	记	71	材料费用分配	219 760.00	219 760.00		
	31	记	72	分配职工薪酬	182 884.00		182 884.00	
	31	记	73	预提电费	1 560.00			1 560.00
	31	记	76	分配制造费用	23 979.49			23 979.49
				本月合计	428 183.49	219 760.00	182 884.00	25 539.49
				生产成本合计	428 183.49	219 760.00	182 884.00	25 539.49
				完工产品产量	4 000	4 000	4 000	4 000
				单位成本	107.05	54.94	45.72	6.38

图 3-32　产品成本计算单

小提示

图 3-30~图 3-32 中部分数据的计算方法如下。

① 合计（某一行）= 直接材料+直接人工+制造费用

如：图 3-32 中单位成本“合计”=54.94+45.72+6.38=107.05（元）

② 生产成本合计（某一列）= 各月份“本月合计”之和

如：图 3-31 中直接材料“生产成本合计”=110 396+25 604=136 000（元）

③ 单位成本（某一列）= 生产成本合计÷完工产品产量

如：图 3-32 中直接材料“单位成本”=219 760÷4 000=54.94（元）

（三）结转完工产品成本

企业完工产品经产成品仓库验收入库后，其成本应从“生产成本（基本生产成本）”科目所属产品成本明细账户的贷方转出，转入“库存商品”科目的借方，“生产成本（基本生产成本）”科目的月末余额，就是基本生产在产品的成本。

【例题 3-13】

【经济业务内容】结转完工产品成本。

【情景】8 月份完工产品成本计算单如图 3-30~图 3-32 所示。请根据相关资料编制完工产品成本汇总表，并据以编制记账凭证。

【分析】

以上产品成本计算单中，已知各批完工产品产量、单位成本和完工产品总成本，应根据资料编制完工产品成本汇总表作为原始凭证，并据以编制记账凭证。

【账务处理过程】

根据相关资料编制的完工产品成本汇总表如表 3-12 所示，根据完工产品成本汇总表编制记账凭证（见图 3-33 和图 3-34）。

表 3-12　完工产品成本汇总表

编制日期：　2024 年 8 月 31 日　　　　　　　　　　　　　　　　　　　　　　金额单位：元

生产批号	产品名称	计量单位	数　量	总　成　本				单位成本
				直接材料	直接人工	制造费用	合　计	
0705	男西服	套	2 000	292 000.00	158 000.00	22 000.00	472 000.00	236.00
0706	女西服	套	1 000	136 000.00	79 000.00	11 000.00	226 000.00	226.00
0801	学生校服	套	4 000	219 760.00	182 884.00	25 539.49	428 183.49	107.05
合　计				647 760.00	419 884.00	58 539.49	1 126 183.49	

小提示

表 3-12 中部分数据的来源及计算方法如下。

①“总成本”中相关数据根据图 3-30～图 3-32 中的“生产成本合计”相应项目金额填列。

② 单位成本（某一行）= 总成本“合计”÷数量

如：男西服“单位成本”=472 000÷2 000=236（元）

记 账 凭 证

2024年　8　月　31　日　　　　　　　　记　字　77 1/2　号

摘　要	总账科目	明细科目	借方金额（千百十万千百十元角分）	√	贷方金额（千百十万千百十元角分）	√
结转完工产品成本	库存商品	0705 男西服	47200000			
	库存商品	0706 女西服	22600000			
	库存商品	0801 学生校服	42818349			
	生产成本	基本生产成本（0705 男西服）			47200000	
	生产成本	基本生产成本（0706 女西服）			22600000	
合　计						

附件　　张

会计主管：赖晓军　　记账：　　复核：娄剑军　　制单：尹莉莉

图 3-33　记账凭证

记账凭证

2024 年 8 月 31 日　　　　记 字 77 2/2 号

摘要	总账科目	明细科目	借方金额										√	贷方金额										√
			千	百	十	万	千	百	十	元	角	分		千	百	十	万	千	百	十	元	角	分	
结转完工产品成本	生产成本	基本生产成本（0801 学生校服）														4	2	8	1	8	3	4	9	
合计			¥	1	1	2	6	1	8	3	4	9		¥	1	1	2	6	1	8	3	4	9	

附件 1 张

会计主管：赖晓军　　记账：　　复核：娄剑军　　制单：尹莉莉

图 3-34　记账凭证

任务四　掌握简化分批法产品成本核算的步骤和方法

简化分批法也称不分批计算在产品成本分批法或累计间接费用分配法，是指按产品批别设立生产成本明细账，但在产品完工之前，账内只需按月登记直接计入费用和加工工时，不必分配加工费用和计算在产品成本；只有在产品完工的那个月份，才分配加工费用和计算完工产品成本。各批全部产品的在产品成本，只分成本项目的总数登记在专设的基本生产成本二级账中。

在小批、单件生产的企业中，有时订单多、批别多、生产周期长，而实际每月完工的订单并不多。在这种情况下，如果按月将各项间接费用在各批产品之间进行分配，分配的核算工作量将非常大。因而，为了简化核算，可采用简化分批法。

简化分批法的基本要点如下。

（1）按产品批别设置生产成本明细账，登记各批产品的直接费用和生产工时。

（2）设置“基本生产成本二级明细账”（以下简称生产成本二级账），按成本项目汇总登记基本生产成本和生产工时，并据以分配完工产品的间接计入费用。

（3）在各批产品完工之前，不分配间接费用。只有在月末存在完工产品的情况下，才进行完工产品间接费用的分配，核算完工产品总成本和单位成本。

综上所述，简化分批法之所以能简化产品成本的核算工作，主要是因为它能通过累计间接费用分配率，将在各批产品之间分配间接费用的工作以及在完工产品和月末在产品之间分配费用的工作合并在一起进行，从而大大简化了生产费用的分配和登记工作。

下面仍以南华市英华服装有限公司为例，介绍简化分批法的具体运用。假如南华市英华服装有限公司采用简化分批法核算产品成本，具体步骤和核算方法如下。

一、确定成本核算对象和成本项目

在简化分批法下，仍以批别为成本核算对象，成本项目与一般分批法相同。本案例按【例题 3-1】确定的成本核算对象和成本项目不变。

二、设置生产成本明细账

在简化分批法下，按产品批别设置产品成本计算单，登记各批产品的直接费用和生产工时，因此生产成本明细账应增设“生产工时”栏目，用于记录各批产品的生产工时；同时开设“生产成本二级账”，用于登记基本生产发生的各项费用及生产工时；由于各项间接费用已在“生产成本二级账”核算，不再开设“制造费用”明细账；机修车间由于同时为管理部门提供服务，应该开设辅助生产成本明细账。

【例题 3-14】

【经济业务内容】开设生产成本明细账。

【情景】接【例题 3-1】，假如 2024 年 8 月 1 日前投产未完工“0705”、“0706”两批在产品的成本计算单和生产成本二级账如图 3-35～图 3-37 所示，请开设新投产产品的产品成本计算单。

产品成本计算单

生产批号：0705　　计量单位：套　　投产日期：2024年7月15日

产品名称：男西服　　生产批量：2 000　　完工日期：2024年8月20日

2024年		记账凭证		摘要	成本项目				生产工时
月	日	字	号		合计	直接材料	直接人工	制造费用	
7	31	记	85	材料费用分配	238 300.00	238 300.00			4 000

图 3-35　产品成本计算单

产品成本计算单

生产批号：0706　　计量单位：套　　投产日期：2024年7月18日

产品名称：女西服　　生产批量：1 000　　完工日期：2024年8月20日

2024年		记账凭证		摘要	成本项目				生产工时
月	日	字	号		合计	直接材料	直接人工	制造费用	
7	31	记	85	材料费用分配	110 396.00	110 396.00			2 000

图 3-36　产品成本计算单

基本生产成本（二级）明细账

户名：＿＿＿＿＿＿＿＿　　　　总第__页　分第__页

2024年		记账凭证		摘　要	成　本　项　目				生产工时
月	日	字	号		合　计	直接材料	直接人工	制造费用	
				…		…		…	
7	31	记	85	材料费用分配	348 696.00	348 696.00			
	31	记	86	分配职工薪酬	126 214.50		126 214.50		
	31	记	87	预提电费	1 076.00			1 076.00	
	31	记	88	分配辅助生产费用	16 452.97			16 452.97	
				本月合计	492 439.47	348 696.00	126 214.50	17 528.97	6 000

图 3-37　基本生产成本（二级）明细账

小提示

图3-35~图3-37与一般分批法的“产品成本计算单”（见图3-2和图3-3）的比较如下。

① 简化分批法下，设置“基本生产成本二级明细账”，用于登记产品生产的全部生产费用（包括直接费用和间接费用）和生产总工时。

② 生产成本二级账的“直接材料”和“生产工时”分别等于各产品成本计算单“直接材料”和“生产工时”之和。

如：生产成本二级账的“生产工时”=4 000+2 000=6 000（元）

③ 简化分批法下，“产品成本计算单”中只记录直接计入的费用（如直接材料）和生产工时，而间接费用（如直接人工、制造费用）只在“生产成本二级账”中登记。

【分析】

上月投产的“0705”男西服、“0706”女西服两批产品已于投产当月开设了产品成本计算单，并已登记了当月发生的直接费用，应补充开设新投产的“0801”学生校服、“0802”皮夹克两批产品的产品成本计算单和辅助生产成本明细账。

【操作过程】

根据以上2024年8月资料开设新投产产品的产品成本计算单和辅助生产成本明细账（见图3-38~图3-40）。

产品成本计算单

生产批号：0801　　计量单位：套　　投产日期：2024年8月1日

产品名称：学生校服　　生产批量：4 000　　完工日期：2024年8月31日

2024年		记账凭证		摘要	成本项目				生产工时
月	日	字	号		合计	直接材料	直接人工	制造费用	

图 3-38　产品成本计算单

产品成本计算单

生产批号：0802　　计量单位：件　　投产日期：2024年8月1日

产品名称：皮夹克　　生产批量：3 000　　完工日期：2024年9月20日

2024年		记账凭证		摘要	成本项目				生产工时
月	日	字	号		合计	直接材料	直接人工	制造费用	

图 3-39　产品成本计算单

辅助生产成本 明细账

户名：机修车间　　　　总第__页　分第__页

2024年		记账凭证		摘要	费用项目					
月	日	字	号		合计	职工薪酬	折旧费	水电费	其他	
			…		…			…		

图 3-40　辅助生产成本明细账

三、归集和分配材料费用

材料费用的归集和分配就是将发出的材料按照受益对象计入相关成本、费用的过程。具体分为直接计入和分配计入两种方法。具体参照品种法材料费用的归集和分配。

【例题 3-15】

【经济业务内容】生产领用材料。

【情景】如【例题 3-3】资料所示，2024 年 8 月 31 日，会计员收到领料单（见图 3-8～图 3-14）。根据资料编制发料汇总表，并据以编制记账凭证（假如企业此前记账凭证编号已编至记字 70 号，现在从记字 71 号编起）。

【分析】

以上领料单和限额领料单的领用部门、材料用途清楚，受益对象具体、明确，应按受益对象直接计入各批产品的生产成本。

根据领料单及限额领料单编制发料汇总表（与表 3-2 相同）；根据发料汇总表编制记账凭证（与图 3-15 和图 3-16 相同）。

四、归集和分配人工费用

人工费用的归集和分配，就是将企业发生的应付职工薪酬，按照受益对象计入相关成本、费用的过程。在简化分批法下，能够直接计入各批产品成本的，应该直接计入各批产品成本，不能直接计入各批产品成本的，直接计入“基本生产成本（二级）明细账”（即：生产成本——基本生产成本，下同）。

【例题 3-16】

【经济业务内容】分配应付职工薪酬。

【情景】如【例题 3-4】资料所示，会计员根据 2024 年 8 月份应付职工薪酬情况编制的应付职工薪酬汇总表如表 3-3 所示，请根据应付职工薪酬汇总表编制记账凭证。

【分析】

表 3-3 中，行政管理人员职工薪酬应直接计入管理费用；基本生产车间生产工人薪酬、基本生产车间管理人员薪酬，均属于间接费用，应计入“基本生产成本（二级）明细账”；机修车间人员薪酬直接计入辅助生产成本（即：生产成本——辅助生产成本（机修车间），下同）。

【账务处理过程】

根据应付职工薪酬汇总表编制记账凭证（见图 3-41）。

记账凭证

2024 年 8 月 31 日　　　　记 字 72 号

摘要	总账科目	明细科目	借方金额（千百十万千百十元角分）	√	贷方金额（千百十万千百十元角分）	√
分配职工薪酬	生产成本	基本生产成本	37169600			
	生产成本	辅助生产成本（机修车间）	1811600			
	管理费用		6061200			
	应付职工薪酬				45042400	
合计			¥45042400		¥45042400	

附件 1 张

会计主管：赖晓军　记账：　复核：娄剑军　制单：尹莉莉

图 3-41　记账凭证

小提示

图 3-41 记账凭证的相关注意事项如下。

① 在简化分批法下，共同生产多种产品的生产工人职工薪酬，不直接分配计入各批产品的生产成本，而是先计入“基本生产成本（二级）明细账”。

② 与一般分批法相同，机修车间属于辅助生产车间，其费用计入辅助生产成本明细账。

五、归集和分配外购动力费用

在简化分批法下，能够直接计入各批产品成本或相关费用的，应直接计入各批产品成本或相关费用，不能直接计入各批产品成本的基本生产成本，直接计入“基本生产成本（二级）明细账”或相关费用。

【例题 3-17】

【经济业务内容】 预提本月电费。

【情景】 如【例题 3-5】资料所示，会计员根据 2024 年 8 月份各部门用电情况编制的电费耗用统计表如表 3-6 所示。请根据电费耗用情况统计表编制预提电费的记账凭证。

【分析】

表 3-6 中，行政管理部门电费耗用，直接计入管理费用；基本生产车间直接产品电费耗用、基本生产车间一般电费耗用，均属于间接费用，应计入“基本生产成本（二级）明细账”；机修车间电费耗用，应计入“生产成本——辅助生产成本（机修车间）”。

【账务处理过程】

根据电费耗用统计表编制预提电费的记账凭证（见图 3-42）。

记 账 凭 证

2024 年 8 月 31 日　　　　记 字 73 号

摘要	总账科目	明细科目	借方金额										√	贷方金额										√
			千	百	十	万	千	百	十	元	角	分		千	百	十	万	千	百	十	元	角	分	
预提本月电费	生产成本	基本生产成本					3	9	6	0	0	0												
	生产成本	辅助生产成本（机修车间）						9	6	0	0	0												
	管理费用							7	2	0	0	0												
	应付账款	电力公司																5	6	4	0	0	0	
合计						¥	5	6	4	0	0	0					¥	5	6	4	0	0	0	

附件 1 张

会计主管：赖晓军　　记账：　　复核：娄剑军　　制单：尹莉莉

图 3-42　记账凭证

小提示

图 3-42 记账凭证中，直接用于生产多种产品的水、电费等动力费用，不直接分配计入各批产品的生产成本，而是先计入“基本生产成本（二级）明细账”。

六、归集和分配折旧费用

固定资产折旧费是按照固定资产的使用部门归集，然后再与车间、部门的其他费用一起分配计入产品成本及期间费用。

【例题 3-18】

【经济业务内容】计提固定资产折旧。

【情景】如【例题 3-6】资料所示，会计员根据 8 月份固定资产使用情况及折旧标准编制的固定资产折旧计算表如表 3-8 所示。请根据固定资产折旧计算表编制计提固定资产折旧的记账凭证。

【分析】

表 3-8 中，行政管理部门折旧费用直接计入管理费用；基本生产车间折旧费用属于间接费用，应计入“基本生产成本（二级）明细账”；机修车间折旧费用，应计入辅助生产成本明细账。

【账务处理过程】

根据表 3-8 固定资产折旧计算表编制计提折旧的记账凭证（见图 3-43）。

记 账 凭 证

2024 年 8 月 31 日　　　　记 字 74 号

摘要	总账科目	明细科目	借方金额										√	贷方金额										√
			千	百	十	万	千	百	十	元	角	分		千	百	十	万	千	百	十	元	角	分	
计提固定	生产成本	基本生产成本					4	7	5	0	0	0												
资产折旧	生产成本	辅助生产成本（机修车间）					3	6	0	0	0	0												
	管理费用	修理费					4	6	0	0	0	0												
	累计折旧																1	2	9	5	0	0	0	
合计					¥	1	2	9	5	0	0	0				¥	1	2	9	5	0	0	0	

附件 1 张

会计主管：赖晓军　　记账：　　复核：娄剑军　　制单：尹莉莉

图 3-43　记账凭证

七、归集和分配辅助生产费用

（一）辅助生产费用的归集

辅助生产费用的归集，是通过“生产成本——辅助生产成本（机修车间）”明细账进行的。

【例题 3-19】

【经济业务内容】 登记辅助生产成本明细账。

【情景】 如【例题 3-7】资料所示，8 月份发生的与辅助生产成本有关的经济业务见【例题 3-15】～【例题 3-18】，请根据相关记账凭证及其所附的原始凭证登记机修车间辅助生产成本明细账，并结出余额。

【分析】

【例题 3-15】～【例题 3-18】中，已根据相关费用的归属、受益对象编制了记账凭证，应根据相关记账凭证的“生产成本——辅助生产成本（机修车间）”科目登记辅助生产成本明细账。

【账务处理过程】

根据【例题 3-15】～【例题 3-18】中相关记账凭证登记的辅助生产成本明细账如图 3-44所示。

辅助生产成本 明细账

户名：机修车间　　　　总第____页　分第____页

2024年		记账凭证		摘要	费用项目					
月	日	字	号		合计	职工薪酬	折旧费	水电费	其他	
			…			…		…		
8	31	记	72	分配职工薪酬	18 116.00	18 116.00				
	31	记	73	预提电费	960.00			960.00		
	31	记	74	计提折旧	3 600.00		3 600.00			
				本月合计	22 676.00	18 116.00	3 600.00	960.00		

图 3-44　辅助生产成本明细账

小提示

图 3-44 所示为辅助生产成本明细账的登记，应根据记账凭证中的“生产成本——辅助生产成本（机修车间）”科目登记。

（二）辅助生产费用的分配

辅助生产成本应根据受益对象，按照一定的分配标准分配计入相关成本、费用。

辅助生产费用分配方法主要有直接分配法、交互分配法和计划成本分配法等，具体方法参阅品种法。

【例题 3-20】

【经济业务内容】 分配辅助生产成本。

【情景】 2024 年 8 月份发生的辅助生产费用如图 3-44 所示；假如机修车间本月为基本生产车间和管理部门提供服务分别为 450 工时和 50 工时，请根据辅助生产费用和生产工时定额比例编制辅助生产费用分配表，并据以编制记账凭证。

【分析】

图 3-44 表明，本月发生的辅助生产费用为 22 676 元，应按照受益对象的生产工时比例分配计入相关成本、费用。

【账务处理过程】

根据辅助生产费用总额和受益对象的生产工时比例编制的辅助生产费用分配表如表 3-13 所示；根据辅助生产费用分配表编制记账凭证（见图 3-45）。

表 3-13　辅助生产费用分配表

编制日期：2024 年 8 月 31 日　　　　金额单位：元

项　　目	机器工时	分　配　率	分配金额
基本生产车间	450	45.35	20 408.40
管理部门	50	45.35	2 267.60
合　　计	500		22 676.00

记 账 凭 证

2024 年　8 月　31 日　　　　记 字 75 号

摘　要	总账科目	明细科目	借方金额									√	贷方金额									√
			千	百	十	万	千	百	十	元	角	分		千	百	十	万	千	百	十	元	角	分	
分配辅助生产费用	生产成本	基本生产成本				2	0	4	0	8	4	0												
	管理费用	修理费					2	2	6	7	6	0												
	生产成本	辅助生产成本（机修车间）															2	2	6	7	6	0	0	
合　计					¥	2	2	6	7	6	0	0				¥	2	2	6	7	6	0	0	

附件 1 张

会计主管：郑建雄　　记账：　　复核：凌华丽　　制单：李莉

图 3-45　记账凭证

小提示

在图 3-45 中，基本生产车间应负担的辅助生产成本，直接计入基本生产成本二级明细账，而不是“制造费用”。

八、计算和结转完工产品成本

（一）生产成本的归集

在简化分批法下，生产成本的归集是通过“生产成本明细账”（或生产成本计算单）和“基本生产成本（二级）明细账”进行的，生产过程中发生的各种生产费用，能直接计入各批产品生产成本的，直接计入各批产品生产成本；不能直接计入各批产品生产成本的，计入“基本生产成本（二级）明细账”，待某批产品完工时，按生产工时比例分配计入完工产品成本。

【例题 3-21】

【经济业务内容】登记生产成本明细账。

【情景】8 月份发生的应计入产品生产成本的经济业务如【例题3-15】~【例题3-20】所示，请根据相关记账凭证及其所附的原始凭证登记产品成本计算单和生产成本二级账。

【分析】

【例题 3-15】~【例题 3-20】中，已根据相关费用的归属、受益对象编制记账凭证，应根据相关记账凭证登记各批产品的“生产成本计算单”和“基本生产成本（二级）明细账，其中：8 月份的生产工时数见表 3-4。

【账务处理过程】

根据【例题 3-15】~【例题 3-20】中相关记账凭证登记产品成本计算单和生产成本二级账（见图 3-46~图 3-50）。

产品成本计算单

生产批号：0705　计量单位：套　投产日期：2024 年 7 月 15 日

产品名称：男西服　生产批量：2 000　完工日期：2024 年 8 月 20 日

2024年		记账凭证		摘要	成本项目				生产工时
月	日	字	号		合计	直接材料	直接人工	制造费用	
7	31	记	85	材料费用分配	238 300.00	238 300.00			4 000
8	31	记	71	材料费用分配	53 700.00	53 700.00			4 200
				本月累计	292 000.00	292 000.00			8 200

图 3-46　产品成本计算单

产品成本计算单

生产批号：0706　计量单位：套　投产日期：2024 年 7 月 18 日

产品名称：女西服　生产批量：1 000　完工日期：2024 年 8 月 20 日

2024年		记账凭证		摘要	成本项目				生产工时
月	日	字	号		合计	直接材料	直接人工	制造费用	
7	31	记	85	材料费用分配	110 396.00	110 396.00			2 000
8	31	记	71	材料费用分配	25 604.00	25 604.00			2 100
				本月累计	136 000.00	136 000.00			4 100

图 3-47　产品成本计算单

产品成本计算单

生产批号：0801　计量单位：套　投产日期：2024年8月1日

产品名称：学生校服　生产批量：4 000　完工日期：2024年8月31日

2024年		记账凭证		摘要	成本项目				生产工时
月	日	字	号		合计	直接材料	直接人工	制造费用	
8	31	记	71	材料费用分配	219 760.00	219 760.00			10 400
				本月累计	219 760.00	219 760.00			10 400

图 3-48　产品成本计算单

产品成本计算单

生产批号：0802　计量单位：件　投产日期：2024年8月1日

产品名称：皮夹克　生产批量：3 000　完工日期：2024年9月20日

2024年		记账凭证		摘要	成本项目				生产工时
月	日	字	号		合计	直接材料	直接人工	制造费用	
8	31	记	71	材料费用分配	279 656.00	279 656.00			3 300
				本月累计	279 656.00	279 656.00			3 300

图 3-49　产品成本计算单

基本生产成本（二级）明细账

户名：＿＿＿＿　总第＿＿页　分第＿＿页

2024年		记账凭证		摘要	成本项目				生产工时
月	日	字	号		合计	直接材料	直接人工	制造费用	
				…	…		…		
7	31	记	85	材料费用分配	348 696.00	348 696.00			
	31	记	86	分配职工薪酬	126 214.50		126 214.50		
	31	记	87	预提电费	1 076.00			1 076.00	
	31	记	88	分配辅助生产费用	16 452.97			16 452.97	
				本月合计	492 439.47	348 696.00	126 214.50	17 528.97	6 000
8	31	记	71	领用材料	578 720.00	578 720.00			
	31	记	72	分配职工薪酬	371 696.00		371 696.00		
	31	记	73	预提电费	3 960.00			3 960.00	
	31	记	74	计提折旧	4 750.00			4 750.00	
	31	记	75	分配辅助生产费用	20 408.00			20 408.00	
				本月合计	979 534.00	578 720.00	371 696.00	29 118.00	20 000
				本月累计	1 471 973.47	927 416.00	497 910.50	46 646.97	26 000
				费用分配率			19.15	1.79	

图 3-50　基本生产成本（二级）明细账

小提示

图 3-46~图 3-49“产品成本计算单”与图 3-50“基本生产成本（二级）明细账”提示如下。

① 产品成本计算单应根据记账凭证中“生产成本——××产品”科目登记。

如：“0705 男西服”产品成本计算单应该根据记账凭证中“生产成本——0705 男西服”科目登记。

② 基本生产成本（二级）明细账应根据记账凭证中“生产成本——基本生产成本”科目登记。

③ 以上 7 月份“生产工时”是假设数，8 月份“生产工时”是与表 3-4 一致。

④ 基本生产成本（二级）明细账的“直接材料”等于各产品成本计算单“直接材料”之和。

如：基本生产成本（二级）明细账 8 月份直接材料的“本月合计”=53 700+25 604+219 760+279 656=578 720（元）

⑤ 基本生产成本（二级）明细账的“生产工时”等于各产品成本计算单“生产工时”之和。

如：基本生产成本（二级）明细账生产工时的“本年累计”=8 200+4 100+10 400+3 300=26 000（元）

⑥ 基本生产成本（二级）明细账中的“费用分配率”计算方法为：

某间接费用的“费用分配率”=该间接费用的“本月累计”÷生产工时的“本月累计”

如：直接人工“费用分配率”=497 910. 50÷26 000 = 19. 15（元）

表示每生产工时应分摊直接人工费用 19. 15 元。

从以上产品成本计算单可以看出各批号产品生产成本至 8 月 31 日止直接计入费用的发生额合计及生产工时合计；从以上基本生产成本（二级）明细账，可以看出基本生产成本的发生额合计、生产工时合计及“费用分配率”。如果期末某批号产品完工，应根据基本生产成本（二级）明细账的间接费用“费用分配率”和某批产品的生产工时计算分摊间接费用，计入完工产品成本。

（二）计算和结转完工产品的间接费用

在简化分批法下，各生产批号的产品成本一般于该批产品全部完工的当月计算；各批产品投产数量一般就是完工产品数量，可以通过产品入库凭证或库存商品明细账计算确定。在确定各批完工产品的基础上，应根据完工产品的生产工时和间接费用的分配率，计算和结转完工产品的间接费用，并据以登记完工产品的产品成本计算单。

【例题 3-22】

【经济业务内容】计算和结转完工产品的间接费用。

【情景】8 月份产品产量情况如表 3-14 所示，生产成本资料如图 3-46~图 3-50 所示。请根据相关资料计算和结转完工产品的间接费用。

表 3-14　2024 年 8 月产品产量统计表

生产批号	产品名称	计量单位	期初在产品	本期投产	本期完工	期末在产品	期末在产品完工程度
0705	男西服	套	2 000		2 000	0	
0706	女西服	套	1 000		1 000	0	
0801	学生校服	套		4 000	4 000	0	
0802	皮夹克	件		3 000		3 000	50%

【分析】

以上资料显示，本月生产的 4 批产品，其中 3 批已全部完工，应根据该批完工产品的生产工时和间接费用的“费用分配率”计算和结转完工产品的间接费用。

【账务处理过程】

根据相关资料编制的完工产品间接费用分配表如表 3-15 所示。根据完工产品间接费用分配表编制的记账凭证如图 3-51 所示。

表 3-15　完工产品间接费用分配表

编制日期：2024 年 8 月 31 日　　　　金额单位：元

生产批号	产品名称	生产工时	直接人工		制造费用		合　计
			分　配　率	应分配金额	分　配　率	应分配金额	
0705	男西服	8 200	19.15	157 030.00	1.79	14 678.00	171 708.00
0706	女西服	4 100	19.15	78 515.00	1.79	7 339.00	85 854.00
0801	学生校服	10 400	19.15	199 160.00	1.79	18 616.00	217 776.00
合　计		22 700		434 705.00		40 633.00	475 338.00

小提示

表 3-15 中部分数据的来源及计算方法如下。

①“生产工时”根据产品成本计算单中的生产工时合计填列。

②“分配率”根据基本生产成本（二级）明细账中的相应间接费用的分配率填列。

③“应分配金额”=生产工时×分配率

如：0705 男西服直接人工“应分配金额”=8 200×19. 15=157 030（元）

0705 男西服制造费用“应分配金额”=8 200×1. 79=14 678（元）

（三）计算完工产品成本

在简化分批法下，各生产批号的直接材料已直接计入产品成本计算单，间接费用在完工时通过生产成本（二级）明细账资料分配计入各批产品成本计算单。在此基础上，根据各批完工产品成本计算单计算完工产品总成本和单位成本。

【例题 3-23】

【经济业务内容】计算完工产品成本。

【情景】接【例题 3-21】和【例题 3-22】，请根据相关资料登记完工产品成本计算单，并计算完工产品总成本和单位成本。

记账凭证

2024年 8 月 31 日　　　　记 字 76 号

摘要	总账科目	明细科目	借方金额										√	贷方金额										√
			千	百	十	万	千	百	十	元	角	分		千	百	十	万	千	百	十	元	角	分	
结转完工产品间接费用	生产成本	基本生产成本（0705男西服）			1	7	1	7	0	8	0	0												
	生产成本	基本生产成本（0706女西服）				8	5	8	5	4	0	0												
	生产成本	基本生产成本（0801学生校服）				1	7	7	7	6	0	0												
	生产成本	基本生产车间（直接人工）															3	4	7	0	5	0	0	
	生产成本	基本生产车间（制造费用）															4	0	6	3	3	0	0	
合　计				¥	4	7	5	3	3	8	0	0			¥	4	7	5	3	3	8	0	0	

附件 1 张

会计主管：赖晓军　　记账：　　复核：娄剑军　　制单：尹莉莉

图 3-51　记账凭证

【分析】

【例题 3-21】产品成本计算单中已经登记了直接材料费用，应根据【例题 3-22】的记账凭证登记完工产品成本计算单，并计算各批完工产品总成本和单位成本。

【账务处理过程】

根据【例题 3-22】的记账凭证登记完工产品的产品成本计算单，并计算各批完工产品总成本和单位成本（见图 3-52~图 3-54）。

产品成本计算单

生产批号：0705　　计量单位：套　　投产日期：2024年7月15日

产品名称：男西服　　生产批量：2 000　　完工日期：2024年8月20日

2024年		记账凭证		摘要	成本项目				生产工时
月	日	字	号		合计	直接材料	直接人工	制造费用	
7	31	记	85	材料费用分配	238 300.00	238 300.00			4 000
8	31	记	71	材料费用分配	53 700.00	53 700.00			4 200
				本月累计	292 000.00	292 000.00			8 200
	31	记	76	分配间接费用	171 708.00		157 030.00	14 678.00	
				生产成本合计	463 708.00	292 000.00	157 030.00	14 678.00	
				完工产品产量	2 000	2 000	2 000	2 000	
				单位成本	231.85	146.00	78.51	7.34	

图 3-52　产品成本计算单

产品成本计算单

生产批号：0706　　计量单位：套　　投产日期：2024年7月18日

产品名称：女西服　　生产批量：1 000　　完工日期：2024年8月20日

2024年		记账凭证		摘　要	成　本　项　目				生产工时
月	日	字	号		合　计	直接材料	直接人工	制造费用	
7	31	记	85	材料费用分配	110 396.00	110 396.00			2 000
8	31	记	71	材料费用分配	25 604.00	25 604.00			2 100
				本月累计	136 000.00	136 000.00			4 100
	31	记	76	分配间接费用	85 854.00		78 515.00	7 339.00	
				生产成本合计	221 854.00	136 000.00	78 515.00	7 339.00	
				完工产品产量	1 000	1 000	1 000	1 000	
				单位成本	221.85	136.00	78.51	7.34	

图 3-53　产品成本计算单

产品成本计算单

生产批号：0801　　计量单位：套　　投产日期：2024年8月1日

产品名称：学生校服　　生产批量：4 000　　完工日期：2024年8月31日

2024年		记账凭证		摘　要	成　本　项　目				生产工时
月	日	字	号		合　计	直接材料	直接人工	制造费用	
8	31	记	71	材料费用分配	219 760.00	219 760.00			10 400
				本月累计	219 760.00	219 760.00			10 400
	31	记	76	分配间接费用	217 776.00		199 160.00	18 616.00	
				生产成本合计	437 536.00	219 760.00	199 160.00	18 616.00	
				完工产品产量	4 000	4000	4 000	4 000	
				单位成本	109.39	54.94	49.79	4.66	

图 3-54　产品成本计算单

小提示

图 3-52～图 3-54 产品成本计算单中部分数据计算方法如下。

① 合计（某一行）= 直接材料+直接人工+制造费用

② 总成本（某一列）= 本月合计+分配间接费用

③ 单位成本（某一列）= 总成本÷总产量（生产批量）

如：0801 学生校服“直接人工”的单位成本=199 160÷4 000 = 49.79（元）

通过以上产品成本计算单，可以看出各批号产品的总成本和单位成本。

（四）结转完工产品成本

企业完工产品经产成品仓库验收入库后，其成本应从“生产成本”科目所属产品成本明细账户的贷方转出，转入“库存商品”科目的借方。

【例题 3-24】

【经济业务内容】结转完工产品成本。

【情景】8 月份完工产品成本计算单如图 3-52～图 3-54 所示。请根据相关资料编制完工产品成本汇总表，并据以编制记账凭证。

【分析】

以上产品成本计算单中，已知各批完工产品产量、单位成本和完工产品总成本，应根据资料编制完工产品成本汇总表作为原始凭证，并据以编制记账凭证。

【账务处理过程】

根据相关资料编制的完工产品成本汇总表如表 3-16 所示，根据完工产品成本汇总表编制的记账凭证如图 3-55 和图 3-56 所示；根据记账凭证登记基本生产成本（二级）明细账（见图 3-57）。

表 3-16　完工产品成本汇总表

编制日期：2024 年 8 月 31 日　　　　金额单位：元

生产批号	产品名称	计量单位	数　量	总成本				单位成本
				直接材料	直接人工	制造费用	小　计	
0705	男西服	套	2 000	292 000.00	157 030.00	14 678.00	463 708.00	231.85
0706	女西服	套	1 000	136 000.00	78 515.00	7 339.00	221 854.00	221.85
0801	学生校服	套	4 000	219 760.00	199 160.00	18 616.00	437 536.00	109.38
合　计				647 760.00	434 705.00	40 633.00	1 123 098.00	

记 账 凭 证

2024年　8　月　31　日　　　　记　字　77 1/2　号

摘　要	总账科目	明细科目	借方金额（千百十万千百十元角分）	√	贷方金额（千百十万千百十元角分）	√
结转完工产品成本	库存商品	0705 男西服	4 7 2 0 4 9 6 0			
	库存商品	0706 女西服	2 2 6 0 2 4 8 0			
	库存商品	0801 学生校服	3 8 5 9 3 9 5 0			
	生产成本	基本生产成本（0705 男西服）			4 7 2 0 4 9 6 0	
	生产成本	基本生产成本（0706 女西服）			2 2 6 0 2 4 8 0	
合　计						

附件　　张

会计主管：赖晓军　　记账：　　复核：娄剑军　　制单：尹莉莉

图 3-55　记账凭证

记 账 凭 证

2024 年 8 月 31 日　　记 字 77 2/2 号

摘要	总账科目	明细科目	借方金额	√	贷方金额	√
结转完工产品成本	生产成本	基本生产成本（0801学生校服）			4 3 7 5 3 6 0 0	
合　计			¥ 1 1 2 3 0 9 8 0 0		¥ 1 1 2 3 0 9 8 0 0	

附件 1 张

会计主管：赖晓军　　记账：　　复核：娄剑军　　制单：尹莉莉

图 3-56　记账凭证

基本生产成本（二级）　明 细 账

户名：＿＿＿＿＿　　总第＿页　分第＿页

2024年 月	日	记账凭证 字	号	摘要	成本项目 合计	直接材料	直接人工	制造费用	生产工时
				…		…		…	
7	31	记	85	材料费用分配	348 696.00	348 696.00			
	31	记	86	分配职工薪酬	126 214.50		126 214.50		
	31	记	87	预提电费	1 076.00			1 076.00	
	31	记	88	分配辅助生产	16 452.97			16 452.97	
				本月合计	492 439.47	348 696.00	126 214.50	17 528.97	6 000
8	31	记	71	领用材料	578 720.00	578 720.00			
	31	记	72	分配职工薪酬	371 696.00		371 696.00		
	31	记	73	预提电费	3 960.00			3 960.00	
	31	记	74	计提折旧	4 750.00			4 750.00	
	31	记	75	分配辅助生产	20 408.00			20 408.00	
				本月合计	979 534.00	578 720.00	371 696.00	29 118.00	20 000
				本月累计	1 471 973.47	927 416.00	497 910.50	46 646.97	26 000
				费用分配率			19.15	1.79	
	31	记	76	分配完工产品费用	475 338.00		434 705.00	40 633.00	22 700
	31	记	77	结转完工产品成本	647 760.00	647 760.00			
				期末在产品成本	348 875.47	279 656.00	63 205.50	6 013.97	3 300

图 3-57　基本生产成本（二级）明细账

小提示

图 3-57 中部分数据计算方法如下。

① 分配完工产品费用根据记字 76 号分配间接费用的记账凭证登记。

② 结转完工产品成本根据记字 77 号结转完工产品成本的记账凭证登记，间接费用原已经在分配间接费用时登记，不再重复登记。

③ 期末在产品成本（各栏）= 本月累计-分配完工产品费用-结转完工产品成本

如：直接材料=927 416-647 760=279 656（元）

直接人工=497 910. 50-434 705=63 205. 50（元）

④ 期末在产品成本的间接费用（直接人工、制造费用）应该等于“费用分配率”与期末在产品生产工时的乘积。由于本案例在分配完工产品费用时，分配率只按保留两位小数点计算，所以存在差异。

项目四

分步法

任务一　了解分步法的含义、特点及适用范围

一、了解分步法的含义

分步法（以下简称分步法）是指按照产品的生产加工过程，分步骤计算产品成本的一种产品成本计算方法。

二、了解分步法的特点

1. 以产品生产的步骤为成本核算对象

在分步法下，产品成本计算是根据管理要求，按照产品生产的步骤作为成本核算对象，设置生产成本明细账，进行归集和分配各个生产步骤的半成品成本或各种产品成本。

2. 需要计算和结转各步骤的完工半成品成本

在分步法下，需要按照成本核算对象计算和结转各个步骤完工的半成品成本，这是分步法的一个重要特点。

3. 以月为成本计算期

在分步法下，由于是大批量的连续生产，各生产步骤都会存在一定的在产品（半成品），因此，一般以月为成本计算期。每月末，应按照成本核算对象归集和分配各个生产步骤的半成品成本或各种产品的生产成本，并按规定要求计算和结转完工产品成本。

三、了解分步法的适用范围

分步法主要适用于大量、大批的多步骤生产，如冶金工业、纺织工业、造纸工业等。

分步法按照各生产步骤生产成本的结转方式不同，可以分为逐步结转分步法和平行结转分步法两种。

任务二　掌握逐步结转分步法

逐步结转分步法也称顺序结转分步法，是指按照产品生产加工步骤的先后顺序，逐步计算各步骤的完工半产品（成本核算对象，下同）成本并结转到下一步骤，直至计算最后步骤产品生产成本的一种方法。逐步结转分步法成本计算的基本程序如图 4-1 所示。

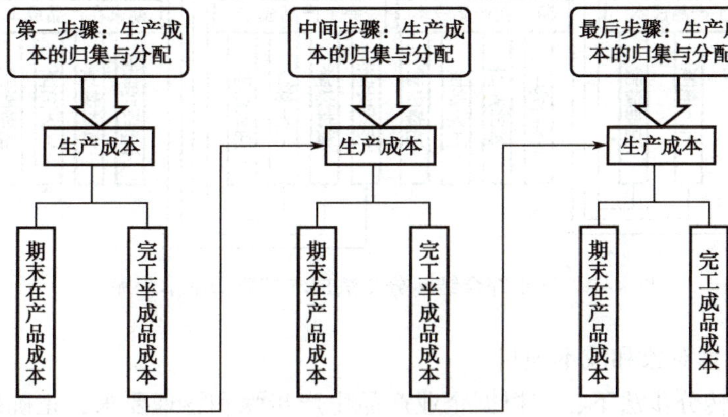

图 4-1　逐步结转分步法成本核算的基本程序

从成本核算方法看，逐步结转分步法是按照产品生产加工步骤，逐步计算各步骤的完工半产品成本，然后结转到下一步骤。从某一单一步骤来看，是按该步骤半成品作为成本核算对象，归集和分配该半成品的生产成本，该半成品实质上就是该步骤的产品，在各种费用的归集和分配等成本核算上与品种法基本相同。

按照结转完工半成品成本的方式和各步骤成本项目构成的内容不同，逐步结转分步法可分为逐步综合结转分步法和逐步分项结转分步法两种。

一、掌握逐步综合结转分步法的步骤和方法

逐步综合结转分步法是指上一生产步骤的半成品成本转入下一生产步骤时，以“半成品”或“直接材料”综合项目记入下一生产步骤生产成本明细账的一种方法。逐步综合结转分步法成本计算的基本程序如图 4-2 所示。

下面以小型制造企业为例介绍逐步综合结转分步法的核算步骤和方法。

【企业背景】南华市俊丽服装有限公司是大批量生产羊绒夹克的小企业，由裁剪、缝制、平整三个基本生产车间分步骤生产，另设有机修车间为基本生产车间和管理部门提供维修服务，采用逐步综合结转分步法核算产品成本。

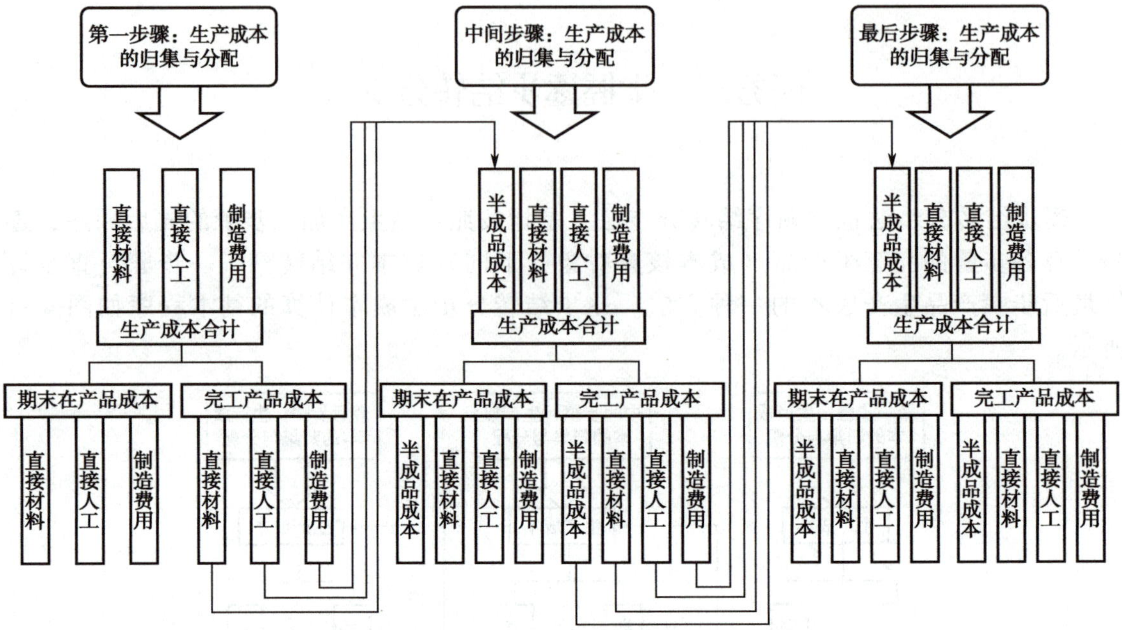

图 4-2　逐步综合结转分步法成本核算的基本程序

1. 确定成本核算对象和成本项目

在逐步综合结转分步法下，应根据企业产品生产步骤和管理要求，正确确定成本核算对象和成本项目。

【例题 4-1】

【经济业务内容】确定成本核算对象和成本项目。

【情景】南华市俊丽服装有限公司背景资料。

【分析】

南华市俊丽服装有限公司是大批量生产羊绒夹克的小企业，由裁剪、缝制、平整三个车间分步骤生产，可以分别以裁剪、缝制车间的半成品和平整车间的产成品为成本核算对象，在逐步综合结转分步法下，一般设置自制半成品成本（以下简称“半成品”）、直接材料、直接人工和制造费用 4 个成本项目。

2. 设置生产成本明细账

在确定成本核算对象和成本项目的基础上，应根据成本核算对象、成本计算程序要求，开设生产成本（基本生产成本）明细账（以下简称基本生产成本明细账），用于归集和分配各步骤的生产成本；按照辅助生产车间设置生产成本（辅助生产成本）明细账（以下简称辅助生产成本明细账），用于归集和分配各辅助生产车间的生产费用；按照辅助生产车间设置制造费用明细账，用于归集和分配各基本生产车间的制造费用。

【例题 4-2】

【经济业务内容】开设生产成本明细账。

【情景】接【例题 4-1】，假如截至 2024 年 7 月期末止，各步骤基本生产成本明细账如图 4-3～图 4-5 所示（1—7 月账簿记录略，下同）。请按照车间分别设置辅助生产成本和 3

个基本生产车间的制造费用明细账。

基本生产成本 明细账

成本计算对象：裁剪车间羊绒夹克半成品　　　　总第____页分第____页

2024年		记账凭证		摘　要	成本项目					
月	日	字	号		合　计	半成品	直接材料	直接人工	制造费用	
			…	…		…		…		
7	31			期末在产品成本	56 977.00		47 300.00	5 850.00	3 827.00	

图 4-3　基本生产产品成本明细账

基本生产成本 明细账

成本计算对象：缝制车间羊绒夹克半成品　　　　总第____页 分第____页

2024年		记账凭证		摘　要	成本项目					
月	日	字	号		合　计	半成品	直接材料	直接人工	制造费用	
			…	…		…		…		
7	31			期末在产品成本	88 384.00	68 000.00	6 928.00	11 580.00	1 876.00	

图 4-4　基本生产成本明细账

基本生产成本 明细账

成本计算对象：平整车间羊绒夹克　　　　总第____页 分第____页

2024年		记账凭证		摘　要	成本项目					
月	日	字	号		合　计	半成品	直接材料	直接人工	制造费用	
			…	…		…		…		
7	31			期末在产品成本	97 513.00	89 100.00	1 880.00	4 900.00	1 633.00	

图 4-5　基本生产成本明细账

【分析】

公司已按照裁剪、缝制和平整三个生产步骤的半成品或产成品为成本核算对象设置了基本生产成本明细账，根据公司的车间设置，应开设辅助生产成本明细账（账簿中简化为

“辅助生产成本——机修车间”，下同）和制造费用明细账。

【操作过程】

根据以上 2024 年 8 月资料开设辅助生产成本、制造费用明细账（见图 4-6~图 4-9）。

辅助生产成本 明细账

户名：机修车间　　　　总第____页 分第____页

2024年		记账凭证		摘　　要	费　用　项　目					
月	日	字	号		合　计	职工薪酬	折旧费	水电费	其　他	
			…			…		…		

图 4-6　辅助生产成本明细账

制造费用 明细账

户名：裁剪车间　　　　总第____页　分第____页

2024年		记账凭证		摘　　要	费　用　项　目				
月	日	字	号		合　计	职工薪酬	折旧费	水电费	其　他
			…		…			…	

图 4-7　制造费用明细账

制造费用 明细账

户名：缝制车间　　　　总第____页 分第____页

2024年		记账凭证		摘　　要	费　用　项　目				
月	日	字	号		合　计	职工薪酬	折旧费	水电费	其　他
			…		…			…	

图 4-8　制造费用明细账

制造费用 明细账

户名：平整车间　　　　　　总第＿＿页 分第＿＿页

2024年		记账凭证		摘要	费用项目				
月	日	字	号		合计	职工薪酬	折旧费	水电费	其他
			…		…			…	

图 4-9　制造费用明细账

3. 归集和分配材料费用

在逐步综合结转分步法下，各生产步骤直接领用的材料费用，应直接计入该步骤产品的直接材料成本。

知识链接

材料费用的归集包括产品生产过程中耗用的原材料及主要材料、辅助材料、外购半成品、修理备用件、包装材料、燃料等材料费用。材料费用的归集和分配就是将发出的材料按照受益对象计入相关成本、费用的过程。

【例题 4-3】

【经济业务内容】生产领用材料。

【情景】2024 年 8 月 31 日，会计员收到本月领料凭证（见图 4-10~图 4-16）。请根据资料编制发料汇总表，并据以编制记账凭证（假如企业此前记账凭证编号已编至记字 70 号，现在从记字 71 号编起）。

领 料 单

领料部门：缝制车间　　　2024 年 8 月 1 日　　　No:20140359

制品名称：羊绒夹克　　　制品数量：2 000 件　　　制品用途：辅助材料

编号	品名规格	计量单位	单价	请领数量	实发数量	金额
3101	垫肩	对	1.50	2 000	2 000	3 000.00
3201	拉链	米	3.20	1 100	1 100	3 520.00
3213	拉链头	个	2.20	2 000	2 000	4 400.00
3504	合金纽扣	颗	1.50	12 000	12 000	18 000.00
3506	合金纽扣	颗	0.60	16 000	16 000	9 600.00
3806	缝纫线	轴	4.00	300	300	1 200.00
附件　张				合计		39 720.00

第三联：财务记账

主管：单梅　　发料：尧雪　　领料：江铁松　　制单：依丽萍

图 4-10　领料单

领 料 单

领料部门 平整车间　　2024 年 8 月 1 日　　No:20140360

制品名称 羊绒夹克　　制品数量 2 000 件　　制品用途 辅助材料

编号	品名规格	计量单位	单价	请领数量	实发数量	金额
4101	包装盒	个	1.60	2 500	2 500	4 000.00
4202	包装袋	个	0.20	2 500	2 500	500.00
附件　张			合计			4 500.00

第三联：财务记账

主管：单梅　　发料：尧雪　　领料：姚石青　　制单：依丽萍

图 4-11　领料单

领 料 单

领料部门 缝制车间　　2024 年 8 月 1 日　　No:20140361

制品名称 羊绒夹克　　制品数量 2 000 件　　制品用途 辅助材料

编号	品名规格	计量单位	单价	请领数量	实发数量	金额
3101	垫肩	对	1.50	2 000	2 000	3 000.00
3201	拉链	米	3.20	1 100	1 100	3 520.00
3213	拉链头	个	2.20	2 000	2 000	4 400.00
3504	合金纽扣	颗	1.50	12 000	12 000	18 000.00
3506	合金纽扣	颗	0.60	16 000	16 000	9 600.00
3806	缝纫线	轴	4.00	300	300	1 200.00
附件　张			合计			39 720.00

第三联：财务记账

主管 单梅　　发料：尧雪　　领料：江铁松　　制单：依丽萍

图 4-12　领料单

领料单

领料部门 平整车间　　2024年8月23日　　No:20140362

制品名称 羊绒夹克　　制品数量 2 900件　　制品用途 辅助材料

编号	品名规格	计量单位	单价	请领数量	实发数量	金额
4101	包装盒	个	1.60	2 900	2 900	4 640.00
4202	包装袋	个	0.20	2 900	2 900	580.00
附件　张				合计		5 220.00

第三联：财务记账

主管：单梅　　发料：尧雪　　领料：姚石青　　制单：依丽萍

图4-13　领料单

领料单

领料部门 缝制车间　　2024年8月26日　　No:20140363

制品名称 羊绒夹克　　制品数量 1 200件　　制品用途 辅助材料

编号	品名规格	计量单位	单价	请领数量	实发数量	金额
3101	垫肩	对	1.50	1 200	1 200	1 800.00
3201	拉链	米	3.20	660	660	2 112.00
3213	拉链头	个	2.20	1 200	1 200	2 640.00
3504	合金纽扣	颗	1.50	7 200	7 200	10 800.00
3506	合金纽扣	颗	0.60	9 600	9 600	5 760.00
3806	缝纫线	轴	4.00	180	180	720.00
附件　张				合计		23 832.00

第三联：财务记账

主管：单梅　　发料：尧雪　　领料：江铁松　　制单：依丽萍

图4-14　领料单

限额领料单

南华市俊丽服装有限公司 供应专用章

领料车间：裁剪车间　　　　制品名称：羊绒夹克

用　　途：主要材料　　　　制单日期：2024 年 8 月 1 日

限额资料	材料编号	材料名称	计量单位	计划产量	单位消耗定额	领用限额
	1101	毛呢面料	米	5 000	1.8	9 000

领用记录 日期 月	日	数量	单价	金额	限额结余	领料人	发料人
8	1	4 320	25	108 000	4 680	江铁松	尧雪
8	15	3 600	25	90 000	1 080	江铁松	尧雪
8	25	1 080	25	27 000	0	江铁松	尧雪

汇总记录 日期 月	日	数量	单价	金额	限额结余	会计员	备注
8	31	9 000		225 000		龚建华	

第二联 会计记账

主管：单梅　　　　会计：龚建华　　　　制单：依丽萍

图 4-15　限额领料单

限额领料单

南华市俊丽服装有限公司 供应专用章

领料车间：裁剪车间　　　　制品名称：羊绒夹克

用　　途：主要材料　　　　制单日期：2024 年 8 月 1 日

限额资料	材料编号	材料名称	计量单位	计划产量	单位消耗定额	领用限额
	2101	里布	米	5 000	1.6	8 000

领用记录 日期 月	日	数量	单价	金额	限额结余	领料人	发料人
8	1	3 840	12	46 080	4 160	江铁松	尧雪
8	15	3 200	12	38 400	960	江铁松	尧雪
8	25	960	12	11 520	0	江铁松	尧雪

汇总记录 日期 月	日	数量	单价	金额	限额结余	会计员	备注
8	31	8 000		96 000		龚建华	

第二联 会计记账

主管：单梅　　　　会计：龚建华　　　　制单：依丽萍

图 4-16　限额领料单

【分析】

以上领料单和限额领料单的领用部门、材料用途清楚，受益对象具体、明确，应按受益对象直接计入各步骤的生产成本。

【账务处理过程】

根据领料单及限额领料单编制发料汇总表（见表4-1）；根据发料汇总表编制的记账凭证如图4-17和图4-18所示。

表4-1　发料汇总表

编制日期：2024年8月31日　　　　　　　　　　　　　　　　金额单位：元

材料编号	品名规格	计量单位	单价	裁剪车间		缝制车间		平整车间		合计	
				数量	金额	数量	金额	数量	金额	数量	金额
1101	毛呢面料	米	25	9 000	225 000.00					9 000	225 000.00
2101	里布	米	12	8 000	96 000.00					8 000	96 000.00
	辅助材料	元					103 272.00		9 720.00		112 992.00
合　计					321 000.00		103 272.00		9 720.00		433 992.00
附件张数	7	备　注									

主管：尤晓静　　　　　　　　复核：蒙山　　　　　　　　制表：龚建华

小提示

表4-1中数据的计算方法与项目三中发料汇总表数据的计算方法基本相同，请参照表3-2。

记 账 凭 证

2024年8月31日　　　　　　　　　　　　　　　　记字71 1/2号

摘要	总账科目	明细科目	借方金额 千	百	十	万	千	百	十	元	角	分	√	贷方金额 千	百	十	万	千	百	十	元	角	分	√
生产领用材料	生产成本	基本生产成本（裁剪车间）			3	2	1	0	0	0	0	0												
	生产成本	基本生产成本（缝制车间）			1	0	3	2	7	2	0	0												
	生产成本	基本生产成本（平整车间）					9	7	2	0	0	0												
	原材料	毛呢面料														2	2	5	0	0	0	0	0	
	原材料	里布															9	6	0	0	0	0	0	
合　计																								

附件　张

会计主管：尤晓静　　记账：　　复核：蒙山　　制单：龚建华

图4-17　记账凭证

记账凭证

2024 年 8 月 31 日　　　　记 字 71 2/2 号

摘要	总账科目	明细科目	借方金额（千百十万千百十元角分）	√	贷方金额（千百十万千百十元角分）	√
生产领用材料	原材料	辅助材料			11299200	
合计			¥43399200		¥43399200	

附件 8 张

会计主管：尤晓静　　记账：　　复核：蒙山　　制单：龚建华

图 4-18　记账凭证

小提示

图 4-17 和图 4-18 记账凭证编制方法与项目三中材料耗用记账凭证的编制方法基本相同，请参阅图 2-18 和图 2-19。

4. 归集和分配人工费用

在逐步综合结转分步法下，各生产步骤直接生产工人的人工费用，应直接计入该步骤产品的直接人工成本。

知识链接

人工费用的归集和分配，就是将企业发生的应付职工薪酬，按照受益对象计入相关成本、费用的过程。具体分为直接计入和分配计入两种方法，具体分配方法参阅品种法。

【例题 4-4】

【经济业务内容】 分配本月应付职工薪酬。

【情景】 会计员根据 2024 年 8 月份应付职工薪酬情况编制的应付职工薪酬汇总表如表 4-2所示。请按照应付职工薪酬汇总表编制记账凭证。

小提示

表 4-2 中数据的计算方法与项目二中应付职工薪酬汇总表数据的计算方法基本相同，请参阅表 2-4。

【分析】

表 4-2 中，各生产车间、各部门人员薪酬的归属、受益对象具体、明确，且各基本生产车间只生产一种产品，应按受益对象直接计入相关成本、费用，其中基本生产车间生产工人薪酬，直接计入各生产步骤的基本生产成本；基本生产车间管理人员薪酬，直接计入各车

间的制造费用；机修车间人员薪酬，直接计入辅助生产成本；行政管理人员薪酬，直接计入管理费用。

表 4-2　应付职工薪酬分配汇总表

编制日期：2024 年 8 月 31 日　　　　金额单位：元

部　门		应付工资	单位缴纳的社会保险费	单位缴纳的住房公积金	职工福利费	工会经费	职工教育经费	合　计
裁剪车间	生产工人	46 000.00	13 800.00	4 600.00	6 440.00	920.00	690.00	72 450.00
	管理人员	8 600.00	2 580.00	860.00	1 204.00	172.00	129.00	13 545.00
缝制车间	生产工人	123 600.00	37 080.00	12 360.00	17 304.00	2 472.00	1 854.00	194 670.00
	管理人员	14 000.00	4 200.00	1 400.00	1 960.00	280.00	210.00	22 050.00
平整车间	生产工人	36 000.00	10 800.00	3 600.00	5 040.00	720.00	540.00	56 700.00
	管理人员	7 800.00	2 340.00	780.00	1 092.00	156.00	117.00	12 285.00
机修车间		12 000.00	3 600.00	1 200.00	1 680.00	240.00	180.00	18 900.00
行政管理人员		56 000.00	16 800.00	5 600.00	7 840.00	1 120.00	840.00	88 200.00
合　计		304 000.00	91 200.00	30 400.00	42 560.00	6 080.00	4 560.00	478 800.00

【账务处理过程】

根据应付职工薪酬分配汇总表编制的记账凭证如图 4-19 和图 4-20 所示。

记 账 凭 证

2024 年 8 月 31 日　　　　记 字 72 1/2 号

摘　要	总账科目	明细科目	借方金额（千百十万千百十元角分）	✓	贷方金额（千百十万千百十元角分）	✓
分配本月职工	生产成本	基本生产成本（裁剪车间）	7245000			
薪酬	生产成本	基本生产成本（缝制车间）	19467000			
	生产成本	基本生产成本（平整车间）	5670000			
	制造费用	裁剪车间	1354500			
	制造费用	缝制车间	2205000			
合　计						

附件　张

会计主管：尤晓静　记账：　复核：蒙山　制单：龚建华

图 4-19　记账凭证

记账凭证

2024 年 8 月 31 日　　　　记 字 72 2/2 号

摘要	总账科目	明细科目	借方金额										√	贷方金额										√
			千	百	十	万	千	百	十	元	角	分		千	百	十	万	千	百	十	元	角	分	
分配本月职工	制造费用	平整车间				1	2	2	8	5	0	0												
薪酬	生产成本	辅助生产成本（机修车间）				1	8	9	0	0	0	0												
	管理费用					8	8	2	0	0	0	0												
	应付职工薪酬															4	7	8	8	0	0	0	0	
合计				¥	4	7	8	8	0	0	0	0			¥	4	7	8	8	0	0	0	0	

附件 1 张

会计主管：尤晓静　　记账：　　复核：蒙山　　制单：龚建华

图 4-20　记账凭证

小提示

图 4-19 和图 4-20 应付职工薪酬分配的记账凭证编制方法与项目二中应付职工薪酬分配的记账凭证编制方法基本相同，请参阅图 2-20 和图 2-21。

5. 归集和分配外购动力费用

在逐步综合结转分步法下，各生产步骤直接耗用的外购动力费用，应直接计入该步骤产品的制造费用成本。

知识链接

外购动力费用的归集和分配，就是将企业发生的外购动力费用，按照受益对象计入相关成本、费用的过程。具体分为直接计入和分配计入两种方法，具体分配方法参阅品种法。

【例题 4-5】

【经济业务内容】预提本月电费。

【情景】会计员根据 2024 年 8 月份各部门用电情况编制的电费耗用统计表如表 4-3 所示。请根据电费耗用情况统计表编制预提电费的记账凭证。

表 4-3 中数据的计算方法与项目二中电费耗用情况统计表基本相同，请参阅表 2-6。

【分析】

表 4-3 中，各生产车间、各部门电费的归属、受益对象具体、明确，且各基本生产车间只生产一种产品，应按受益对象直接计入相关成本、费用，其中基本生产车间电费耗用直接计入各生产步骤的生产成本；基本生产车间电费一般耗用，直接计入各车间的制造费用；机修车间电费耗用，直接计入辅助生产成本；行政管理电费耗用，直接计入管理费用。

表 4-3　电费耗用统计表

编制日期：2024 年 8 月 31 日　　　　金额单位：元

部门		计量单位	数量	单价	金额
裁剪车间	直接产品生产耗用	千瓦·时	4 500	0.60	2 700.00
	车间一般耗用	千瓦·时	600	0.60	360.00
缝制车间	直接产品生产耗用	千瓦·时	3 600	0.60	2 160.00
	车间一般耗用	千瓦·时	400	0.60	240.00
平整车间	直接产品生产耗用	千瓦·时	2 800	0.60	1 680.00
	车间一般耗用	千瓦·时	500	0.60	300.00
机修车间耗用		千瓦·时	1 500	0.60	900.00
行政管理部门耗用		千瓦·时	1 250	0.60	750.00
合　计			15 150		9 090.00

小提示

【账务处理过程】

根据电费耗用统计表编制预提电费的记账凭证如图 4-21 和图 4-22 所示。

记 账 凭 证

2024 年 8 月 31 日　　　　记 字 73 1/2 号

摘要	总账科目	明细科目	借方金额 千	百	十	万	千	百	十	元	角	分	√	贷方金额 千	百	十	万	千	百	十	元	角	分	√
预提本月电费	生产成本	基本生产成本（裁剪车间）					2	7	0	0	0	0												
	生产成本	基本生产成本（缝制车间）					2	1	6	0	0	0												
	生产成本	基本生产成本（平整车间）					1	6	8	0	0	0												
	制造费用	裁剪车间						3	6	0	0	0												
	制造费用	缝制车间						2	4	0	0	0												
合　计																								

附件　张

会计主管：尤晓静　　记账：　　复核：蒙山　　制单：龚建华

图 4-21　记账凭证

记 账 凭 证

2024 年 8 月 31 日　　　　记 字 73 2/2 号

摘要	总账科目	明细科目	借方金额										√	贷方金额										√
			千	百	十	万	千	百	十	元	角	分		千	百	十	万	千	百	十	元	角	分	
预提本月电费	制造费用	平整车间						3	0	0	0	0												
	生产成本	辅助生产成本（机修车间）						9	0	0	0	0												
	管理费用							7	5	0	0	0												
	应付账款	电力公司																9	0	9	0	0	0	
合计						¥	9	0	9	0	0	0					¥	9	0	9	0	0	0	

附件 1 张

会计主管：尤晓静　　记账：　　复核：蒙山　　制单：龚建华

图 4-22　记账凭证

小提示

图 4-21 和图 4-22 记账凭证的编制方法与项目二中外购动力费用分配的记账凭证编制方法基本相同，请参阅图 2-22 和图 2-23。

6. 归集和分配折旧费用

在逐步综合结转分步法下，固定资产折旧的计提方法与品种法相同。

知识链接

固定资产折旧费是按照固定资产的使用部门归集，然后再与生产车间、部门的其他费用一起分配计入产品成本及期间费用。

【例题 4-6】

【经济业务内容】计提固定资产折旧。

【情景】会计员根据 2024 年 8 月份固定资产使用情况及其折旧标准编制的固定资产折旧计算表如表 4-4 所示。请根据固定资产折旧计算表编制计提固定资产折旧的记账凭证。

小提示

表 4-4 中数据的计算方法与项目二中固定资产折旧计算表中数据的计算方法基本相同，请参阅表 2-8。

【分析】

表 4-4 中，各生产车间、各部门折旧费用的归属、受益对象具体、明确，应按受益对象直接计入相关成本、费用，其中基本生产车间费用，直接计入各车间的制造费用；机修车间费用，直接计入辅助生产成本；行政管理费用，直接计入管理费用。

表 4-4　固定资产折旧计算表

编制日期：2024 年 8 月 31 日　　　　金额单位：元

使用部门	固定资产类别	原始价值	月综合折旧率	合计金额
裁剪车间	厂房	400 000.00	0.45%	1 800.00
	设备	800 000.00	1.25%	10 000.00
	小　计	1 200 000.00		11 800.00
缝制车间	厂房	500 000.00	0.45%	2 250.00
	设备	200 000.00	1.25%	2 500.00
	小　计	700 000.00		4 750.00
平整车间	厂房	200 000.00	0.45%	900.00
	设备	900 000.00	1.25%	11 250.00
	小　计	1 100 000.00		12 150.00
机修车间	厂房	200 000.00	0.45%	900.00
	设备	200 000.00	1.25%	2 500.00
	小　计	400 000.00		3 400.00
管理部门	房屋及建筑物	800 000.00	0.45%	3 600.00
	交通工具	200 000.00	1.00%	2 000.00
	小　计	1 000 000.00		5 600.00
合　计		4 400 000.00		37 700.00

【账务处理过程】

根据表 4-4 固定资产折旧计算表编制计提折旧的记账凭证如图 4-23 和图 4-24 所示。

记 账 凭 证

2024 年 8 月 31 日　　　　记 字 74 $\frac{1}{2}$ 号

摘要	总账科目	明细科目	借方金额 千	百	十	万	千	百	十	元	角	分	√	贷方金额 千	百	十	万	千	百	十	元	角	分	√
计提固定	制造费用	裁剪车间				1	1	8	0	0	0	0												
资产折旧	制造费用	缝制车间					4	7	5	0	0	0												
	制造费用	平整车间				1	2	1	5	0	0	0												
	生产成本	辅助生产成本（机修车间）					3	4	0	0	0	0												
	管理费用						5	6	0	0	0	0												
合　计																								

附件　张

会计主管：尤晓静　　记账：　　复核：蒙山　　制单：龚建华

图 4-23　记账凭证

记账凭证

2024年 8 月 31 日　　　　记 字 74 2/2 号

摘要	总账科目	明细科目	借方金额										√	贷方金额										√
			千	百	十	万	千	百	十	元	角	分		千	百	十	万	千	百	十	元	角	分	
计提固定	累计折旧																3	7	7	0	0	0	0	
资产折旧																								
合计					¥	3	7	7	0	0	0	0				¥	3	7	7	0	0	0	0	

附件 1 张

会计主管：尤晓静　　记账：　　复核：蒙山　　制单：龚建华

图 4-24　记账凭证

小提示

图 4-23 和图 4-24 记账凭证的编制方法与项目二中计提固定资产折旧的记账凭证编制方法基本相同，请参阅图 2-24。

7. 归集和分配辅助生产费用

辅助生产费用的归集和分配，是通过“生产成本（辅助生产成本）”账户进行的。在逐步综合结转分步法下，辅助生产费用的归集和分配方法与品种法相同。

知识链接

辅助生产成本应根据受益对象，按照一定的分配标准分配计入相关成本、费用。辅助生产费用分配方法主要有直接分配法、交互分配法和计划成本分配法等，具体方法参阅品种法。

【例题 4-7】

【经济业务内容】 登记辅助生产成本明细账。

【情景】 2024 年 8 月份发生的与辅助生产成本有关的经济业务如【例题 4-3】~【例题 4-6】所示，请根据相关记账凭证及其所附的原始凭证登记辅助生产成本明细账。

【分析】

【例题 4-3】~【例题 4-6】中，已根据相关费用的归属、受益对象编制了记账凭证，应根据相关记账凭证的“生产成本——辅助生产成本（机修车间）”科目登记辅助生产成本明细账（见图 4-6）。

【账务处理过程】

根据【例题 4-3】~【例题 4-6】中相关记账凭证登记辅助生产成本明细账（见图 4-25）。

辅助生产成本 明细账

户名：机修车间　　　　　　　　　　　　　　　　　　总第____页　分第____页

2024年		记账凭证		摘要	费用项目					
月	日	字	号		合计	职工薪酬	折旧费	水电费	其他	
			…		…			…		
8	31	记	72	分配职工薪酬	18 900.00	18 900.00				
	31	记	73	预提电费	900.00			900.00		
	31	记	74	计提折旧	3 400.00		3 400.00			
				本月合计	23 200.00	18 900.00	3 400.00	900.00		

图 4-25　辅助生产成本明细账

小提示

图 4-25 中数据的计算方法与项目二中辅助生产成本明细账中数据的计算方法基本相同，请参阅图 2-25。

【例题 4-8】

【经济业务内容】分配辅助生产成本。

【情景】2024 年 8 月份发生的辅助生产成本如图 4-25 所示，假如机修车间本月为各车间、部门提供维修的生产工时如表 4-5 所示，请根据辅助生产费用和生产工时比例编制辅助生产费用分配表，并据以编制记账凭证。

表 4-5　辅助生产维修工时统计表

编制日期：2024 年 8 月 31 日

辅助生产车间	接受劳务部门	计量单位	生产工时
机修车间	裁剪车间	工时	120
机修车间	缝制车间	工时	160
机修车间	平整车间	工时	180
机修车间	管理部门	工时	40
合　计			500

【分析】

图 4-25 表明，本月发生的辅助生产费用为 23 200 元，应按照受益对象的生产工时比例分配计入相关成本、费用。

【账务处理过程】

根据辅助生产费用总额和受益对象的生产工时编制的辅助生产费用分配表如表 4-6 所示；根据辅助生产费用分配表编制记账凭证（见图 4-26）。

表 4-6 辅助生产费用分配表

编制日期：2024 年 8 月 31 日　　　　　　　　　　　　　　　　　　　　金额单位：元

项　　目	生产工时	分　配　率	分配金额
裁剪车间	120	46.40	5 568.00
缝制车间	160	46.40	7 424.00
平整车间	180	46.40	8 352.00
管理部门	40	46.40	1 856.00
合　　计	500		23 200.00

小提示

表 4-5 中数据的计算方法与项目二中辅助生产成本分配表中数据的计算方法基本相同，请参阅表 2-9。

记 账 凭 证

2024 年 8 月 31 日　　　　　　　　　　　　　　　　记 字 75 号

摘　要	总账科目	明细科目	借方金额										√	贷方金额										√
			千	百	十	万	千	百	十	元	角	分		千	百	十	万	千	百	十	元	角	分	
分配辅助	制造费用	裁剪车间					5	5	6	8	0	0												
生产费用	制造费用	缝制车间					7	4	2	4	0	0												
	制造费用	平整车间					8	3	5	2	0	0												
	管理费用						1	8	5	6	0	0												
	生产成本	辅助生产成本（机修车间）															2	3	2	0	0	0	0	
合　　计					¥	2	3	2	0	0	0	0				¥	2	3	2	0	0	0	0	

附件 1 张

会计主管：尤晓静　　记账：　　复核：蒙山　　制单：龚建华

图 4-26 记账凭证

小提示

① 图 4-26 记账凭证的编制方法与项目二中分配辅助生产成本记账凭证的编制方法基本相同，请参阅图 2-26。

② 根据图 4-26 记账凭证及其所附的辅助生产费用分配表（见表 4-6）登记生产成本（辅助生产成本）明细账、制造费用明细账（见图 4-27~图 4-29）。

8. 归集和分配制造费用

制造费用的归集和分配，是通过“制造费用”账户进行的。在逐步综合结转分步法下，制造费用的归集和分配方法与品种法相同。

知识链接

基本生产车间发生的制造费用应根据受益对象，直接计入或按一定的分配标准分配计入相关的产品生产成本。

【例题 4-9】

【经济业务内容】登记制造费用明细账。

【情景】2024 年 8 月份发生的与制造费用有关的经济业务如【例题 4-3】~【例题 4-8】所示，请根据相关记账凭证及其所附的原始凭证登记制造费用明细账（见图 4-27~图 4-29）。

【分析】

【例题 4-3】~【例题 4-8】中，已根据相关费用的归属、受益对象编制了记账凭证，应根据相关记账凭证的“制造费用”科目登记制造费用明细账。

【账务处理过程】

根据【例题 4-3】~【例题 4-8】中相关记账凭证登记的制造费用明细账如图 4-27~图 4-29 所示。

制造费用 明 细 账

户名：裁剪车间　　　　总第____页 分第____页

2024年		记账凭证		摘　要	费用项目				
月	日	字	号		合　计	职工薪酬	折旧费	水电费	其　他
			…		…			…	
8	31	记	72	分配职工薪酬	13 545.00	13 545.00			
	31	记	73	预提电费	360.00			360.00	
	31	记	74	计提折旧	11 800.00		11 800.00		
	31	记	75	分配辅助生产费用	5 568.00				5 568.00
				本月合计	31 273.00	13 545.00	11 800.00	360.00	5 568.00

图 4-27　制造费用明细账

制造费用 明细账

户名：缝制车间　　　　总第______页 分第______页

2024年		记账凭证		摘要	费用项目				
月	日	字	号		合计	职工薪酬	折旧费	水电费	其他
			…		…			…	
8	31	记	72	分配职工薪酬	22 050.00	22 050.00			
	31	记	73	预提电费	240.00			240.00	
	31	记	74	计提折旧	4 750.00		4 750.00		
	31	记	75	分配辅助生产费用	7 424.00				7 424.00
				本月合计	34 464.00	22 050.00	4 750.00	240.00	7 424.00

图 4-28　制造费用明细账

制造费用 明细账

户名：平整车间　　　　总第______页 分第______页

2024年		记账凭证		摘要	费用项目				
月	日	字	号		合计	职工薪酬	折旧费	水电费	其他
			…		…			…	
8	31	记	72	分配职工薪酬	12 285.00	12 285.00			
	31	记	73	预提电费	300.00			300.00	
	31	记	74	计提折旧	12 150.00		12 150.00		
	31	记	75	分配辅助生产费用	8 352.00				8 352.00
				本月合计	33 087.00	12 285.00	12 150.00	300.00	8 352.00

图 4-29　制造费用明细账

小提示

图 4-27～图 4-29 中数据的计算方法与项目二中制造费用明细账中数据的计算方法基本相同，请参阅图 2-27。

【例题 4-10】

【经济业务内容】 分配制造费用明细账。

【情景】 2024 年 8 月份发生的制造费用如图 4-27～图 4-29 所示。请编制制造费用分配表，并据以编制记账凭证。

【分析】

从图 4-27 ~ 图 4-29 可以看出本月各基本生产车间发生的制造费用，由于各个生产车间只生产一种产品，应将各个生产车间的制造费用计入该生产步骤的产品成本。

【账务处理过程】

根据制造费用明细账编制的制造费用分配表如表 4-7 所示；根据制造费用分配表编制记账凭证（见图 4-30 和图 4-31）。

表 4-7　制造费用分配表

编制日期：2024 年 8 月 31 日　　　　金额单位：元

生产车间	金　额	备　注
裁剪车间	31 273.00	
缝制车间	34 464.00	
平整车间	33 087.00	
合　计	98 824.00	

记 账 凭 证

2024 年　8 月　31 日　　　　记 字 76 1/2 号

摘　要	总账科目	明细科目	借方金额										√	贷方金额										√
			千	百	十	万	千	百	十	元	角	分		千	百	十	万	千	百	十	元	角	分	
分配制造费用	生产成本	基本生产成本（裁剪车间）				3	1	2	7	3	0	0												
	生产成本	基本生产成本（缝制车间）				3	4	4	6	4	0	0												
	生产成本	基本生产成本（平整车间）				3	3	0	8	7	0	0												
	制造费用	裁剪车间															3	1	2	7	3	0	0	
	制造费用	缝制车间															3	4	4	6	4	0	0	

会计主管：尤晓静　　记账：　　复核：蒙山　　制单：龚建华

图 4-30　记账凭证

记 账 凭 证

2024 年 8 月 31 日　　　　记 字 $76\,^{2}/_{2}$ 号

摘要	总账科目	明细科目	借方金额	√	贷方金额	√
分配制造费用	制造费用	平整车间			3308700	
合计			¥9882400		¥9882400	

附件 1 张

会计主管：尤晓静　　记账：　　复核：蒙山　　制单：龚建华

图 4-31　记账凭证

小提示

根据图 4-30 和图 4-31 记账凭证及其所附的制造费用分配表（见表 4-7）登记制造费用明细账、生产成本（基本生产成本）明细账（见图 4-38~图 4-43）。

9. 计算和结转完工产品成本

在逐步综合结转分步法下，计算和结转完工产品成本要按照产品生产步骤的先后顺序，逐步归集、计算和结转各步骤的完工半成品成本，直至归集、计算和结转最终步骤的完工产品成本，各步骤的产品成本核算方法与品种法基本相同。

【例题 4-11】

【经济业务内容】计算和结转完工产品成本。

【情景】2024 年 8 月份发生的应计入产品生产成本的经济业务如【例题 4-3】~【例题 4-10】所示；2024 年 8 月产品产量情况如表 4-8 所示，各种规格按平均成本计算；裁剪车间、缝制车间完工半成品直接移交下一步骤；生产成本在完工产品与在产品之间分配采用约当产量法，各步骤在产品完工程度为 50%，其中原材料按 100% 折合约当产量。请根据相关资料计算和结转完工产品成本。

小提示

表 4-8 中各项目数据关系如下。

① 合计（栏）= 该栏各种规格数量之和。

如：裁剪车间期初在产品合计 = 300+300+200 = 800（件）

② 各生产步骤（车间）期末在产品 = 期初在产品 + 本期投产（或上一步转入）− 本期完工。

如：缝制车间期末在产品（合计）= 800+5 000−5 200 = 600（件）

③ 各生产步骤（车间）本期完工 = 下一步骤的“上一步转入”。

如：缝制车间本期完工（合计）5 200=平整车间上一步转入（合计）5 200

表 4-8　2024 年 8 月产品产量统计表

产品编号	品　名	规 格	计量单位	裁剪车间				缝制车间				平整车间			
				期初在产品	本月投产	完　工	期末在产品	期初在产品	上一步转入	完　工	期末在产品	期初在产品	上一步转入	完　工	期末在产品
6302	羊绒夹克	165	件		800	800	0		800	800	0		800	800	0
6303	羊绒夹克	170	件	300	1 000	900	400	400	900	900	400		900	900	0
6304	羊绒夹克	175	件	300	1 000	1 000	300		1 000	1 000	0		1 000	800	200
6305	羊绒夹克	180	件	200	800	1 000	0		1 000	800	200		800	600	200
6306	羊绒夹克	185	件		600	600	0		600	600	0	300	600	900	0
6307	羊绒夹克	190	件		400	300	100	400	300	700	0	300	700	1 000	0
6308	羊绒夹克	195	件		400	400	0		400	400	0		400	400	0
合　　计				800	5 000	5 000	800	800	5 000	5 200	600	600	5 200	5 400	400

【分析】

【例题 4-3】~【例题 4-10】中，已根据相关费用的归属、受益对象编制了记账凭证，要计算产品成本，应从裁剪车间开始，逐步计算和结转裁剪、缝制车间半成品成本，然后计算和结转平整车间的完工产品成本。

【账务处理过程】

（1）计算和结转裁剪车间半成品成本。

① 根据【例题 4-3】~【例题 4-10】中相关记账凭证及其所附的原始凭证登记裁剪车间的基本生产成本明细账（见图 4-32）。

基本生产成本　明　细　账

成本计算对象：裁剪车间羊绒夹克半成品　　　　总第____页分第____页

2024年		记账凭证		摘　　要	成　本　项　目					
月	日	字	号		合　计	半成品	直接材料	直接人工	制造费用	
			…		…		…		…	
7	31			期末在产品成本	56 977.00		47 300.00	5 850.00	3 827.00	
8	31	记	71	领用材料	321 000.00		321 000.00			
	31	记	72	分配职工薪酬	72 450.00			72 450.00		
	31	记	73	预提电费	2 700.00				2 700.00	
	31	记	76	分配制造费用	31 273.00				31 273.00	
				本月合计	427 423.00		321 000.00	72 450.00	33 973.00	
				本月累计	484 400.00		368 300.00	78 300.00	37 800.00	

图 4-32　基本生产成本明细账

小提示

图 4–32 中数据的计算方法与项目二中生产成本明细账中数据的计算方法基本相同，请参阅图 2–29 和图 2–30（下同）。

从图 4–32 可以看出裁剪车间期初在产品成本、本月发生的生产成本和生产成本合计金额。如果该步骤半成品全部完工，生产成本合计则为裁剪车间完工半成品的总成本；如果全部未完工，生产成本合计则为裁剪车间的期末在产品成本；如果部分完工，则将该生产成本合计在完工半成品与期末在产品之间进行分配，分别计算完工半成品成本和期末在产品成本，具体分配方法参照品种法。

② 根据图 4–32 和本例题相关资料编制裁剪车间的半成品成本计算表（见表 4–9）。

表 4–9　产品（半成品）成本计算表

生产车间：裁剪车间　　2024 年 8 月 31 日　　金额单位：元

项　　目	半 成 品	直接材料	直接人工	制造费用	合　　计
期初在产品成本		47 300.00	5 850.00	3 827.00	56 977.00
本期生产成本		321 000.00	72 450.00	33 973.00	427 423.00
生产成本合计		368 300.00	78 300.00	37 800.00	484 400.00
本期完工产品产量		5 000	5 000	5000	
期末在产品产量		800	800	800	
在产品约当产量		800	400	400	
约当总产量		5 800	5 400	5 400	
单位成本		63.50	14.50	7.00	85.00
完工产品成本		317 500.00	72 500.00	35 000.00	425 000.00
期末在产品成本		50 800.00	5 800.00	2 800.00	59 400.00

小提示

表 4–9 中数据的计算方法与项目二中产品成本计算表中数据的计算方法基本相同，请参阅表 2–12 和表 2–13（下同）。其中直接材料的在产品约当产量按期末在产品数量的 100% 计算。

从表 4–9 可以看出裁剪车间完工半成品的单位成本和总成本及其成本项目构成情况，按照逐步综合结转分步法的要求，应将完工半成品成本综合结转到下一步骤的半成品成本。

③ 根据表 4–9 编制裁剪车间的完工半成品成本结转汇总表（见表 4–10）。

从表 4–10 可以看出裁剪车间完工半成品的单位成本和总成本及其成本项目构成情况，可以作为编制结转下一步骤记账凭证的依据及附件。

表 4-10　完工半成品成本结转汇总表

生产车间：裁剪车间

领用车间：缝制车间　　　　编制日期：2024 年 8 月 31 日

产品名称	计量单位	成本项目	数　量	单位成本	总　成　本
羊绒夹克半成品	件	直接材料	5 000	63.50	317 500.00
羊绒夹克半成品	件	直接人工	5 000	14.50	72 500.00
羊绒夹克半成品	件	制造费用	5 000	7.00	35 000.00
合　计				85.00	425 000.00

④ 根据表 4-10 编制的记账凭证如图 4-33 所示（产品成本计算表另外存档，不作为记账凭证附件，下同）。

记 账 凭 证

2024 年 8 月 31 日　　　　记 字 77 号

摘　要	总账科目	明细科目	借方金额（千百十万千百十元角分）	✓	贷方金额（千百十万千百十元角分）	✓
结转裁剪车	生产成本	基本生产成本（缝制车间）	42500000			
间完工半成	生产成本	基本生产成本（裁剪车间）			42500000	
品成本						
合　计			¥42500000		¥42500000	

附件 1 张

会计主管：尤晓静　　记账：　　复核：蒙山　　制单：龚建华

图 4-33　记账凭证

小提示

根据图 4-33 记账凭证及其所附的完工半成品成本结转汇总表（见表 4-10）登记生产成本明细账（见图 4-41 和图 4-42）。

（2）计算和结转缝制车间半成品成本。

① 根据【例题 4-3】~【例题 4-10】及本例题中记账凭证及其所附的原始凭证登记缝制车间的基本生产成本明细账（见图 4-34）。

基本生产成本 明细账

成本计算对象：缝制车间羊绒夹克半成品　　　　总第___页分第___页

2024年		记账凭证		摘要	成本项目				
月	日	字	号		合计	半成品	直接材料	直接人工	制造费用
			…	…			…		…
7	31			期末在产品成本	88 384.00	68 000.00	6 928.00	11 580.00	1 876.00
8	31	记	71	领用材料	103 272.00		103 272.00		
	31	记	72	分配职工薪酬	194 670.00			194 670.00	
	31	记	73	预提电费	2 160.00				2 160.00
	31	记	76	分配制造费用	34 464.00				34 464.00
	31	记	77	转入半成品成本	425 000.00	425 000.00			
				本月合计	759 566.00	425 000.00	103 272.00	194 670.00	36 624.00
				本月累计	847 950.00	493 000.00	110 200.00	206 250.00	38 500.00

图 4-34　基本生产成本明细账

从图 4-34 可以看出裁剪车间期初在产品成本、本月发生的生产成本和生产成本合计金额。根据本例题资料，应将生产成本合计金额在完工半成品与期末在产品之间进行分配，分别计算完工半成品成本和期末在产品成本。

② 根据图 4-34 和本例题相关资料编制缝制车间的半成品成本计算表（见表 4-11）。

表 4-11　产品（半成品）成本计算表

生产车间：缝制车间　　　　2024 年 8 月 31 日　　　　金额单位：元

项目	半成品	直接材料	直接人工	制造费用	合计
期初在产品成本	68 000.00	6 928.00	11 580.00	1 876.00	88 384.00
本期生产成本	425 000.00	103 272.00	194 670.00	36 624.00	759 566.00
生产成本合计	493 000.00	110 200.00	206 250.00	38 500.00	847 950.00
本期完工产品产量	5 200	5 200	5 200	5 200	
期末在产品产量	600	600	600	600	
在产品约当产量	600	600	300	300	
约当总产量	5 800	5 800	5 500	5 500	
单位成本	85.00	19.00	37.50	7.00	148.50
完工产品成本	442 000.00	98 800.00	195 000.00	36 400.00	772 200.00
期末在产品成本	51 000.00	11 400.00	11 250.00	2 100.00	75 750.00

小提示

表 4-11 中，自制半成品、直接材料的在产品约当产量按期末在产品数量的 100% 计算。

③ 根据表 4-11 编制缝制车间的完工半成品成本结转汇总表（见表 4-12）。

表 4-12　完工半成品成本结转汇总表

生产车间：缝制车间

领用车间：平整车间　　　　编制日期：2024 年 8 月 31 日

产品名称	计量单位	成本项目	数　量	单位成本	总　成　本
羊绒夹克半成品	件	半成品	5 200	85.00	442 000.00
羊绒夹克半成品	件	直接材料	5 200	19.00	98 800.00
羊绒夹克半成品	件	直接人工	5 200	37.50	195 000.00
羊绒夹克半成品	件	制造费用	5 200	7.00	36 400.00
合　计				148.50	772 200.00

④ 根据表 4-12 完工半成品成本结转汇总表编制记账凭证（见图 4-35）。

记 账 凭 证

2024 年 8 月 31 日　　　　记 字 78 号

摘　要	总账科目	明细科目	借方金额（千百十万千百十元角分）	√	贷方金额（千百十万千百十元角分）	√
结转缝制车	生产成本	基本生产成本（平整车间）	77220000			
间完工半成	生产成本	基本生产成本（缝制车间）			77220000	
品成本						
合　计			¥77220000		¥77220000	

附件 1 张

会计主管：尤晓静　　记账：　　复核：蒙山　　制单：龚建华

图 4-35　记账凭证

小提示

根据图 4-35 记账凭证及其所附的完工半成品成本结转汇总表（见表 4-12）登记生产成本明细账（见图 4-42 和图 4-43）。

（3）计算和结转平整车间产品成本。

① 根据【例题 4-3】~【例题 4-10】及本例题中相关记账凭证及其所附的原始凭证登记平整车间的基本生产成本明细账（见图 4-36）。

基本生产成本 明细账

成本计算对象：平整车间羊绒夹克半成品　　　　总第____页分第____页

2024年		记账凭证		摘要	成本项目				
月	日	字	号		合计	半成品	直接材料	直接人工	制造费用
			…		…		…		…
7	31			期末在产品成本	97 513.00	89 100.00	1 880.00	4 900.00	1 633.00
8	31	记	71	领用材料	9 720.00		9 720.00		
	31	记	72	分配职工薪酬	56 700.00			56 700.00	
	31	记	73	预提电费	1 680.00				1 680.00
	31	记	76	分配制造费用	33 087.00				33 087.00
	31	记	78	转入半成品成本	772 200.00	772 200.00			
				本月合计	87 3387.00	772 200.00	9 720.00	56 700.00	34 767.00
				本月累计	97 0900.00	861 300.00	11 600.00	61 600.00	36 400.00

图 4-36　基本生产成本明细账

② 根据图 4-36 和本例题相关资料编制平整车间的产品成本计算表（见表 4-13）。

表 4-13　产品成本计算表

生产车间：平整车间　　　　2024 年 8 月 31 日　　　　金额单位：元

项目	半成品	直接材料	直接人工	制造费用	合计
期初在产品成本	89 100.00	1 880.00	4 900.00	1 633.00	97 513.00
本期生产成本	772 200.00	9 720.00	56 700.00	34 767.00	873 387.00
生产成本合计	861 300.00	11 600.00	61 600.00	36 400.00	970 900.00
本期完工产品产量	5 400	5 400	5 400	5 400	
期末在产品产量	400	400	400	400	
在产品约当产量	400	400	200	200	
约当总产量	5 800	5 800	5 600	5 600	
单位成本	148.50	2.00	11.00	6.50	168.00
完工产品成本	801 900.00	10 800.00	59 400.00	35 100.00	907 200.00
期末在产品成本	59 400.00	800.00	2 200.00	1 300.00	63 700.00

③ 根据表 4-13 编制平整车间的完工产品成本汇总表（见表 4-14）。

表 4-14　完工产品成本汇总表

生产车间：平整车间

领用车间：成品库　　　　　　　　　　　　　　　　编制日期：2024 年 8 月 31 日

产品名称	计量单位	成本项目	数　　量	单位成本	总　成　本
羊绒夹克	件	半成品	5 400	148.50	801 900.00
羊绒夹克	件	直接材料	5 400	2.00	10 800.00
羊绒夹克	件	直接人工	5 400	11.00	59 400.00
羊绒夹克	件	制造费用	5 400	6.50	35 100.00
合　　计				168.00	907 200.00

④ 根据表 4-14 编制记账凭证（见图 4-37）。

记 账 凭 证

2024 年 8 月 31 日　　　　　　　　记 字 79 号

摘　　要	总账科目	明细科目	借方金额（千百十万千百十元角分）	√	贷方金额（千百十万千百十元角分）	√
结转平整车	库存商品	基本生产成本（羊绒夹克）	9 0 7 2 0 0 0 0			
间完工产品	生产成本	基本生产成本（平整车间）			9 0 7 2 0 0 0 0	
成本						
合　　计			¥ 9 0 7 2 0 0 0 0		¥ 9 0 7 2 0 0 0 0	

附件 1 张

会计主管：尤晓静　　记账：　　复核：蒙山　　制单：龚建华

图 4-37　记账凭证

小提示

根据图 4-37 记账凭证及其所附的完工产品成本汇总表（见表 4-14）登记生产成本明细账（见图 4-43）。

（4）登记相关成本、费用明细账。

在产品成本计算和结转的过程中，由于生产成本归集的需要，已经根据相关费用、成本结转的记账凭证及其所附的原始凭证登记了部分相关费用、成本明细账，包括生产成本（辅助生产成本）明细账、制造费用明细账和生产成本（基本生产成本）明细账，产品成本计算工作完成后，应根据相关记账凭证及其所附的原始凭证登记完成相关成本、费用明细账，并结出生产成本（基本生产成本）明细账的期末在产品成本。

根据本例题相关记账凭证及其所附的原始凭证登记相关成本、费用明细账（见图4-38~图4-44）。

辅助生产成本 明细账

户名：机修车间　　　　总第____页分第____页

2024年		记账凭证		摘要	费用项目					
月	日	字	号		合计	职工薪酬	折旧费	水电费	其他	
			…		…			…		
8	31	记	72	分配职工薪酬	18 900.00	18 900.00				
	31	记	73	预提电费	900.00			900.00		
	31	记	74	计提折旧	3 400.00		3 400.00			
				本月合计	23 200.00	18 900.00	3 400.00	900.00		
				本月分配	23 200.00	18 900.00	3 400.00	900.00		

图4-38　辅助生产成本明细账

制造费用 明细账

户名：裁剪车间　　　　总第____页分第____页

2024年		记账凭证		摘要	费用项目				
月	日	字	号		合计	职工薪酬	折旧费	水电费	其他
			…		…			…	
8	31	记	72	分配职工薪酬	13 545.00	13 545.00			
	31	记	73	预提电费	360.00			360.00	
	31	记	74	计提折旧	11 800.00		11 800.00		
	31	记	75	分配辅助生产费用	5 568.00				5 568.00
				本月合计	31 273.00	13 545.00	11 800.00	360.00	5 568.00
				本月分配	31 273.00	13 545.00	11 800.00	360.00	5 568.00

图4-39　制造费用明细账

制造费用 明细账

户名：缝制车间　　　　　　　　　　　　　　　　　　　　　　总第___页分第___页

2024年		记账凭证		摘要	费用项目				
月	日	字	号		合计	职工薪酬	折旧费	水电费	其他
			…		…		…		
8	31	记	72	分配职工薪酬	22 050.00	22 050.00			
	31	记	73	预提电费	240.00			240.00	
	31	记	74	计提折旧	4 750.00		4 750.00		
	31	记	75	分配辅助生产费用	7 424.00				7 424.00
				本月合计	34 464.00	22 050.00	4 750.00	240.00	7 424.00
				本月分配	34 464.00	22 050.00	4 750.00	240.00	7 424.00

图 4-40　制造费用明细账

制造费用 明细账

户名：平整车间　　　　　　　　　　　　　　　　　　　　　　总第___页分第___页

2024年		记账凭证		摘要	费用项目				
月	日	字	号		合计	职工薪酬	折旧费	水电费	其他
			…		…		…		
8	31	记	72	分配职工薪酬	12 285.00	12 285.00			
	31	记	73	预提电费	300.00			300.00	
	31	记	74	计提折旧	12 150.00		12 150.00		
	31	记	75	分配辅助生产费用	8 352.00				8 352.00
				本月合计	33 087.00	12 285.00	12 150.00	300.00	8 352.00
				本月分配	33 087.00	12 285.00	12 150.00	300.00	8 352.00

图 4-41　制造费用明细账

基本生产成本 明细账

成本计算对象：裁剪车间羊绒夹克半成品　　　　　　总第____页分第____页

2024年		记账凭证		摘要	成本项目				
月	日	字	号		合计	半成品	直接材料	直接人工	制造费用
			…		…		…		…
7	31			期末在产品成本	56 977.00		47 300.00	5 850.00	3 827.00
8	31	记	71	领用材料	321 000.00		321 000.00		
	31	记	72	分配职工薪酬	72 450.00			72 450.00	
	31	记	73	预提电费	2 700.00				2 700.00
	31	记	76	分配制造费用	31 273.00				31 273.00
				本月合计	427 423.00		321 000.00	72 450.00	33 973.00
				本月累计	484 400.00		368 300.00	78 300.00	37 800.00
	31	记	77	转缝制车间半成品	425 000.00		317 500.00	72 500.00	35 000.00
				期末在产品成本	59 400.00		50 800.00	5 800.00	2 800.00

图 4-42　基本生产成本明细账

基本生产成本 明细账

成本计算对象：缝制车间羊绒夹克半成品　　　　　　总第____页分第____页

2024年		记账凭证		摘要	成本项目				
月	日	字	号		合计	半成品	直接材料	直接人工	制造费用
			…		…		…		…
7	31			期末在产品成本	88 384.00	68 000.00	6 928.00	11 580.00	1 876.00
8	31	记	71	领用材料	103 272.00		103 272.00		
	31	记	72	分配职工薪酬	194 670.00			194 670.00	
	31	记	73	预提电费	2 160.00				2 160.00
	31	记	76	分配制造费用	34 464.00				34 464.00
	31	记	77	转入半成品成本	425 000.00	425 000.00			
				本月合计	759 566.00	425 000.00	103 272.00	194 670.00	36 624.00
				本月累计	847 950.00	493 000.00	110 200.00	206 250.00	38 500.00
	31	记	78	转平整车间半成品	772 200.00	442 000.00	98 800.00	195 000.00	36 400.00
				期末在产品成本	75 750.00	51 000.00	11 400.00	11 250.00	2 100.00

图 4-43　基本生产成本明细账

基本生产成本 明细账

成本计算对象：平整车间半绒夹克半成品　　　　总第____页分第____页

2024年		记账凭证		摘要	成本项目				
月	日	字	号		合计	半成品	直接材料	直接人工	制造费用
			···		···		···		···
7	31			期末在产品成本	97 513.00	89 100.00	1 880.00	4 900.00	1 633.00
8	31	记	71	领用材料	9 720.00		9 720.00		
	31	记	72	分配职工薪酬	56 700.00			56 700.00	
	31	记	73	预提电费	1 680.00				1 680.00
	31	记	76	分配制造费用	33 087.00				33 087.00
	31	记	78	转入半成品成本	772 200.00	772 200.00			
				本月合计	873 387.00	772 200.00	9 720.00	56 700.00	34 767.00
				本月累计	970 900.00	861 300.00	11 600.00	61 600.00	36 400.00
	31	记	79	结转完工产品成本	907 200.00	801 900.00	10 800.00	59 400.00	35 100.00
				期末在产品成本	63 700.00	59 400.00	800.00	2 200.00	1 300.00

图 4-44　基本生产成本明细账

10. 成本还原

在逐步综合结转分步法下，上一步骤的完工半成品成本是综合结转到下一步骤生产成本的“自制半成品”或“直接材料”成本项目的，致使最终计算出来的完工产品成本中直接人工和制造费用两个成本项目只包括最后步骤的费用，而前面各个步骤的直接人工和制造费用均包含在“自制半成品”或“直接材料”成本项目之中，不能真实反映完工产品成本的成本项目构成情况。因此，在逐步综合结转分步法下，一般需要进行成本还原。

所谓成本还原，是指将产品成本中以综合项目反映的自制半成品成本，采用一定的方法，分解还原为以原始成本项目反映的成本。

常用的成本还原方法一般有半成品实际成本结构比例法和半成品定额成本结构比例法。

（1）半成品实际成本结构比例法。

半成品实际成本结构比例法是指将半成品成本按照上一步骤完工半成品的实际成本结构的比例进行分解还原的一种方法。具体还原方法如下。

① 从最后一步开始，将其耗用上一步骤半成品的综合成本，按照上一步骤完工半成品实际成本的比例进行分解，还原为原来的成本项目，直至第一步骤。

② 计算还原后的完工产品总成本和单位成本。即：将除自制半成品项目以外的其他成

本项目的最后步骤的成本金额加上其他步骤还原后的成本金额即为还原后的总成本，总成本除以总产量即为单位成本。

【例题 4-12】

【经济业务内容】成本还原。

【情景】接【例题 4-11】，根据表 4-9、表 4-11、表 4-13 产品成本计算表相关资料编制的产品成本还原计算表如表 4-15 所示。

表 4-15　产品成本还原计算表

产品名称：羊绒夹克　　　　　　　　　　　　　　　　　　　　　　　　　　金额单位：元

成本项目	平整车间	缝制车间			裁剪车间			还原后完工产品成本		
	还原前产品成本	还原前半成品成本	成本结构	平整车间半成品还原后的成本	还原前半成品成本	成本结构	缝制车间半成品还原后的成本	总成本	完工产品产量	单位成本
半成品	801 900.00	442 000.00	57.24%	459 000.00						
直接材料	10 800.00	98 800.00	12.79%	102 600.00	317 500.00	74.71%	342 900.00	456 300.00	5 400	84.50
直接人工	59 400.00	195 000.00	25.25%	202 500.00	72 500.00	17.06%	78 300.00	340 200.00	5 400	63.00
制造费用	35 100.00	36 400.00	4.71%	37 800.00	35 000.00	8.24%	37 800.00	110 700.00	5 400	20.50
合　计	907 200.00	772 200.00	100%	801 900.00	425 000.00	100%	459 000.00	907 200.00	5 400	168.00

注：表中计算“还原后的成本”时，成本项目结构比例保留全部小数。

小提示

表 4-15 中部分数据的来源及计算方法如下。

① 各步骤（车间）“还原前产品成本”，分别根据表 4-9、表 4-11、表 4-13 及表 4-14 产品成本计算表中的完工产品成本填列。

② 各步骤（车间）“成本结构”计算公式为：

某一成本项目比例＝该项目还原前半成品成本÷还原前半成品成本合计×100%

如：缝制车间“直接材料”比例＝98 800÷772 200×100%＝12. 79%

裁剪车间“直接人工”比例＝72 500÷425 000×100%＝17. 06%

③ 各步骤（车间）“半成品还原后的成本”计算公式为：

某一成本项目“半成品还原后的成本”＝下一步骤“半成品成本”×该成本项目比例

如：平整车间“直接材料”还原后的成本＝801 900×12. 79%＝102 600（元）

缝制车间“直接人工”还原后的成本＝45 900×17. 06%＝78 300（元）

④ 还原后完工产品“总成本”计算公式为：

某一成本项目总成本

＝平整车间该项目还原前产品成本＋平整车间、缝制车间该项目还原后半成品成本

如：还原后“直接材料”的总成本＝10 800＋102 600＋342 900＝456 300（元）

⑤ 还原后完工产品“单位成本”计算公式为：

某一成本项目单位成本

＝该项目还原后总成本÷完工产品产量

如："直接材料"的单位成本=456 300÷5 400=84.50（元）

（2）半成品定额成本结构比例法。

半成品定额成本结构比例法是指将半成品成本按照半成品定额成本结构的比例进行分解还原的一种方法。具体还原方法如下。

① 将最后步骤半成品的综合成本，按照上一步骤完工半成品成本项目定额的比例进行分解，还原为原来的成本项目。

② 计算还原后的完工产品总成本和单位成本。即：将半成品成本还原后的各成本项目金额加上最后步骤的该成本项目金额就是还原后该成本项目的总成本，总成本除以总产量即为单位成本。

【例题 4-13】

【经济业务内容】 成本还原。

【情景】 以【例题 4-11】表 4-13 产品成本计算表为例，假如完工半成品的定额成本比例为直接材料 55%、直接人工 35%、制造费用 10%，按照半成品定额成本结构比例法编制的产品成本还原计算表如表 4-16 所示。

表 4-16　产品成本还原计算表

产品名称：羊绒男夹克　　　　金额单位：元

成本项目	还原前产品成本	半成品成本定额比例	自制半成品还原后的成本	还原后完工产品成本		
				总　成　本	完工产品产量	单位成本
半成品	801 900.00					
直接材料	10 800.00	55.00%	441 045.00	451 845.00	5 400	83.68
直接人工	59 400.00	35.00%	280 665.00	340 065.00	5 400	62.98
制造费用	35 100.00	10.00%	80 190.00	115 290.00	5 400	21.35
合　计	907 200.00	100%	801 900.00	907 200.00	5 400	168.00

小提示

表 4-16 中部分数据的来源及计算方法如下。

①"还原前产品成本"根据表 4-13 中的完工产品成本填列。

②"自制半成品还原后的成本"计算公式为：

某一成本项目"自制半成品还原后的成本"=该项目定额成本比例×还原前"自制半成品成本"

如："直接材料"还原后的成本=801 900×55%=441 045（元）

③ 还原后完工产品"总成本"计算公式：

某一成本项目总成本=还原后该项目成本+还原前该项目成本

如：还原后"直接材料"的总成本=10 800+441 045=451 845（元）

二、掌握逐步分项结转分步法的步骤和方法

逐步分项结转分步法是指将上一步骤半成品成本按各成本项目（如直接材料、直接人工、制造费用）的实际金额分别转入下一步骤的相应的成本项目。逐步分项结转分步法成本计算程序如图 4-45 所示。

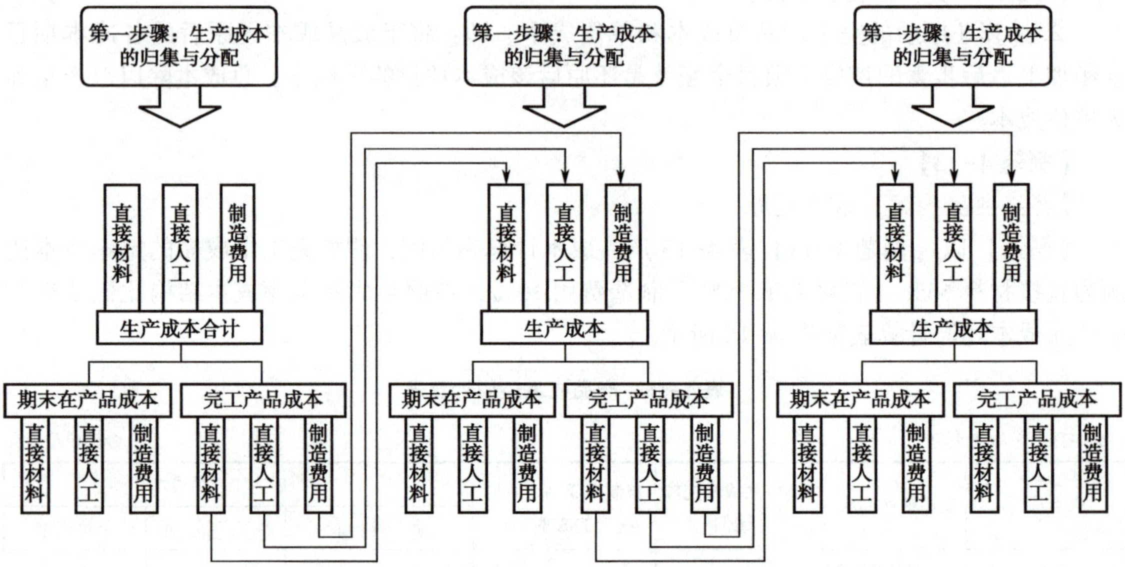

图 4-45 逐步分项结转分步法成本计算程序

下面仍以南华市俊丽服装有限公司 2024 年 8 月份相关资料为例，介绍逐步分项结转分步法的计算步骤和方法。

1. 确定成本核算对象和成本项目

在逐步分项结转分步法下，成本核算对象确定方法与逐步综合结转分步法相同，成本项目一般不设置自制半成品成本。

【例题 4-14】

【经济业务内容】确定成本核算对象和成本项目。

【情景】仍以【例题 4-1】为例，南华市俊丽服装有限公司大批量生产羊绒夹克，由裁剪、缝制、平整三个车间分步骤生产，采用逐步分项结转分步法核算产品成本。

【分析】

南华市俊丽服装有限公司大批量生产羊绒夹克，由裁剪、缝制、平整三个车间分步骤生产，应分别以裁剪、缝制车间的半成品和平整车间的产成品为成本核算对象，一般下设直接材料、直接人工和制造费用成本项目。

2. 设置生产成本明细账

在逐步分项结转分步法下，期末生产成本在完工产品与期末在产品之间进行分配时，上一步骤转入的半成品成本，需要按一次性投料处理。如在约当产量法下，期末在产品应按 100% 折合约当产量。为了便于区分上一步骤转入的半成品成本和本步骤发生的费用，以方

便计算产品生产成本，在设置基本生产成本明细账时，可将各成本项目分为转入半成品成本和本步骤费用。

【例题 4-15】

【经济业务内容】开设生产成本明细账。

【情景】接【例题 4-14】，仍以【例题 4-2】相关数据资料为例，假设将 2024 年 7 月各步骤期末在产品成本中“自制半成品”成本分解分别计入直接材料、直接人工、制造费用项目，各步骤基本生产成本明细账如图 4-46~图 4-48 所示（1—7 月略）。辅助生产成本明细账和制造费用明细账与【例题 4-2】相同。

基本生产成本 明细账

成本计算对象：裁剪车间羊绒夹克半成品　　　　总第＿＿页 分第＿＿页

2024年		记账凭证		摘要	合计	直接材料		直接人工		制造费用	
月	日	字	号			转入半成品	本步骤费用	转入半成品	本步骤费用	转入半成品	本步骤费用
				…		…			…		
7	31			期末在产品成本	56 977.00		47 300.00		5 850.00		3 827.00

图 4-46　基本生产成本明细账

基本生产成本 明细账

成本计算对象：缝制车间羊绒夹克半成品　　　　总第＿＿页 分第＿＿页

2024年		记账凭证		摘要	合计	直接材料		直接人工		制造费用	
月	日	字	号			转入半成品	本步骤费用	转入半成品	本步骤费用	转入半成品	本步骤费用
				…		…			…		
7	31			期末在产品成本	88 384.00	50 800.00	6 928.00	11 600.00	11 580.00	5 600.00	1 876.00

图 4-47　基本生产成本明细账

基本生产成本 明细账

成本计算对象：平整车间羊绒夹克　　　　　　　　　　　　总第 总第＿＿＿＿页 分第＿＿＿＿页

2024年		记账凭证		摘要	合计	直接材料		直接人工		制造费用		
月	日	字	号			转入半成品	本步骤费用	转入半成品	本步骤费用	转入半成品	本步骤费用	
				…		…				…		
7	31			期末在产品成本	97 513.00	49 500.00	1 880.00	31 200.00	4 900.00	8 400.00	1 633.00	

图 4-48　基本生产成本明细账

3. 归集和分配要素费用

在逐步分项结转分步法下，相关要素费用的归集和分配与逐步综合结转分步法相同，包括材料费用的归集和分配、人工费用的归集和分配、外购动力费用的归集和分配、折旧费用的归集、辅助生产费用的归集和分配、制造费用的归集和分配。仍以【例题 4-3】~【例题 4-10】经济业务为例，账务处理过程不变。

4. 计算和结转完工产品成本

在逐步分项结转分步法下，产品成本计算和结转方法与逐步综合结转分步法基本相同，只是在相关表格格式、生产成本明细账的格式及其登记有所区别。

【例题 4-16】

【经济业务内容】计算和结转完工产品成本。

【情景】接【例题 4-15】，8 月份发生的应计入产品生产成本的经济业务如【例题 4-3】~【例题 4-10】所示，2024 年 8 月产品产量情况如表 4-8 所示，裁剪车间、缝制车间完工半成品直接移交下一步骤，各步骤在产品完工程度均为 50%，原材料于生产开始时一次性投入，生产成本在完工产品与在产品之间分配采用约当产量法，各种规格按平均成本计算。请按照逐步分项结转分步法归集、计算和结转完工产品成本。

【分析】

【例题 4-3】~【例题 4-10】中，已根据相关费用的归属、受益对象编制了记账凭证，计算产品成本应从裁剪车间开始，逐步计算和结转裁剪、缝制车间的半成品成本，然后计算和结转平整车间的完工产品成本。

【账务处理过程】

（1）计算和结转裁剪车间半成品成本。

由于裁剪车间是产品生产的第一步骤，没有自制半成品，因此该步骤半成品成本的计算和结转过程与逐步综合结转分步法基本相同，具体处理过程如下。

① 根据【例题 4-3】~【例题 4-10】中相关记账凭证及其所附的原始凭证登记裁剪车间的基本生产成本明细账（见图 4-49）。

② 根据图 4-49 和相关资料编制裁剪车间的产品成本计算表（见表 4-17）。

基本生产成本 明细账

成本计算对象：裁剪车间羊绒夹克半成品　　　　总第 总第______页 分第______页

2024年		记账凭证		摘要	合计	直接材料		直接人工		制造费用	
月	日	字	号			转入半成品	本步骤费用	转入半成品	本步骤费用	转入半成品	本步骤费用
				…			…			…	
7	31			期末在产品成本	56 977.00		47 300.00		5 850.00		3 827.00
8	31	记	71	领用材料	321 000.00		321 000.00				
	31	记	72	分配职工薪酬	72 450.00				72 450.00		
	31	记	73	预提电费	2 700.00						2 700.00
	31	记	76	分配制造费用	31 273.00						31 273.00
				本月合计	427 423.00	0.00	321 000.00	0.00	72 450.00	0.00	33 973.00
				本月累计	484 400.00	0.00	368 300.00	0.00	78 300.00	0.00	37 800.00

图 4-49　基本生产成本明细账

表 4-17　产品成本计算表

产品名称：羊绒夹克半成品

生产车间：裁剪车间　　　　编制日期：2024 年 8 月 31 日　　　　金额单位：元

项目	直接材料		直接人工		制造费用		合计
	转入半成品	本步骤费用	转入半成品	本步骤费用	转入半成品	本步骤费用	
期初在产品成本		47 300.00		5 850.00		3 827.00	56 977.00
本期生产成本		321 000.00		72 450.00		33 973.00	427 423.00
生产成本合计	0.00	368 300.00	0.00	78 300.00	0.00	37 800.00	484 400.00
本期完工产品产量		5 000.00		5 000.00		5 000.00	
期末在产品产量		800		800		800	
在产品约当产量		800		400		400	
约当总产量		5 800.00		5 400.00		5 400.00	
单位成本	0.00	63.50	0.00	14.50	0.00	7.00	85.00
完工产品成本	0.00	317 500.00	0.00	72 500.00	0.00	35 000.00	425 000.00
期末在产品成本	0.00	50 800.00	0.00	5 800.00	0.00	2 800.00	59 400.00

小提示

表 4-17 中数据来源及计算方法与项目二成品成本计算的品种法基本相同，以后类似表格的计算方法不再提示。

③ 根据表 4-17 编制裁剪车间的完工产品成本汇总表（见表 4-18）。

表 4-18　完工成品成本汇总表

生产车间：　裁剪车间
转入部门：　缝制车间　　　　　　　　编制日期：2024 年 8 月 31 日　　　　　　　　金额单位：元

产品名称	计量单位	成本项目	完工数量	单位成本			总成本		
				转入半成品	本步骤费用	小计	转入半成品	本步骤费用	小计
羊绒夹克半成品	件	直接材料	5 000		63.50	63.50	0.00	317 500.00	317 500.00
羊绒夹克半成品	件	直接人工	5 000		14.50	14.50	0.00	72 500.00	72 500.00
羊绒夹克半成品	件	制造费用	5 000		7.00	7.00	0.00	35 000.00	35 000.00
合计				0.00	85.00	85.00	0.00	425 000.00	425 000.00

④ 根据表 4-17 编制记账凭证（见图 4-50）。

记 账 凭 证

2024 年 8 月 31 日　　　　　　　　　　记 字 77 号

摘要	总账科目	明细科目	借方金额（千百十万千百十元角分）	√	贷方金额（千百十万千百十元角分）	√
结转缝制车间领用裁剪车间半成品成本	生产成本	（缝制车间）	42500000			
	生产成本	基本生产成本（裁剪车间）			42500000	
合计			¥42500000		¥42500000	

附件 1 张

会计主管：尤晓静　　记账：　　复核：蒙山　　制单：龚建华

图 4-50　记账凭证

小提示

根据图 4-50 记账凭证及其所附的完工成品成本汇总表（见表 4-18）登记生产成本明细账（见图 4-53 和图 4-54）。

（2）计算和结转缝制车间半成品成本。

① 根据【例题 4-3】~【例题 4-10】及本例题中相关记账凭证及其所附的原始凭证登记缝制车间的基本生产成本明细账（见图 4-51）。

基本生产成本 明细账

成本计算对象：缝制车间羊绒夹克半成品　　　　总第______页 分第______页

2024年 月	日	记账凭证 字	号	摘要	合计	直接材料 转入半成品	直接材料 本步骤费用	直接人工 转入半成品	直接人工 本步骤费用	制造费用 转入半成品	制造费用 本步骤费用
				…		…				…	
7	31			期末在产品成本	88 384.00	50 800.00	6 928.00	11 600.00	11 580.00	5 600.00	1 876.00
8	31	记	71	领用材料	103 272.00		103 272.00				
	31	记	72	分配职工薪酬	194 670.00				194 670.00		
	31	记	73	预提电费	2 160.00						2 160.00
	31	记	76	分配制造费用	34 464.00						34 464.00
	31	记	77	转入半成品	425 000.00	317 500.00		72 500.00		35 000.00	
				本月合计	759 566.00	317 500.00	103 272.00	72 500.00	194 670.00	35 000.00	36 624.00
				本月累计	847 950.00	368 300.00	110 200.00	84 100.00	206 250.00	40 600.00	38 500.00

图 4-51　基本生产成本明细账

② 根据图 4-51 和相关资料编制缝制车间的产品成本计算表（见表 4-19）。

表 4-19　产品成本计算表

产品名称：羊绒夹克半成品

生产车间：缝制车间　　　　编制日期：2024 年 8 月 31 日　　　　金额单位：元

项目	直接材料		直接人工		制造费用		合计
	转入半成品	本步骤费用	转入半成品	本步骤费用	转入半成品	本步骤费用	
期初在产品成本	50 800.00	6 928.00	11 600.00	11 580.00	5 600.00	1 876.00	88 384.00
本期生产成本	317 500.00	103 272.00	72 500.00	194 670.00	35 000.00	36 624.00	759 566.00
生产成本合计	368 300.00	110 200.00	84 100.00	206 250.00	40 600.00	38 500.00	847 950.00
本期完工产品产量	5 200.00	5 200.00	5 200.00	5 200.00	5 200.00	5 200.00	
期末在产品产量	600.00	600.00	600.00	600.00	600.00	600.00	
完工	100%	100%	100%	50%	100%	50%	
在产品约当产量	600.00	600.00	600.00	300.00	600.00	300.00	
约当总产量	5 800.00	5 800.00	5 800.00	5 500.00	5 800.00	5 500.00	
单位成本	63.50	19.00	14.50	37.50	7.00	7.00	148.50
完工产品成本	330 200.00	98 800.00	75 400.00	195 000.00	36 400.00	36 400.00	772 200.00
期末在产品成本	38 100.00	11 400.00	8 700.00	11 250.00	4 200.00	2 100.00	75 750.00

③ 根据表 4-19 编制缝制车间的完工产品成本汇总表（见表 4-20）。

表 4-20　完工产品成本汇总表

生产车间：　缝制车间
转入部门：　平整车间　　　　　　　　编制日期：2024 年 8 月 31 日　　　　　　　　金额单位：元

产品名称	计量单位	成本项目	完工数量	单位成本			总成本		
				转入半成品	本步骤费用	小计	转入半成品	本步骤费用	小计
羊绒夹克半成品	件	直接材料	5 200	63.50	19.00	82.50	330 200.00	98 800.00	429 000.00
羊绒夹克半成品	件	直接人工	5 200	14.50	37.50	52.00	75 400.00	195 000.00	270 400.00
羊绒夹克半成品	件	制造费用	5 200	7.00	7.00	14.00	36 400.00	36 400.00	72 800.00
合计				85.00	63.50	148.50	442 000.00	330 200.00	772 200.00

④ 根据表 4-20 编制记账凭证（见图 4-52）。

记 账 凭 证

2024 年 8 月 31 日　　　　　　　　记 字 78 号

摘要	总账科目	明细科目	借方金额（千百十万千百十元角分）	√	贷方金额（千百十万千百十元角分）	√
结转平整车间领用缝制车间半成品成本	生产成本	基本生产成本（平整车间）	7 7 2 2 0 0 0 0			
	生产成本	基本生产成本（缝制车间）			7 7 2 2 0 0 0 0	
合计			￥7 7 2 2 0 0 0 0		￥7 7 2 2 0 0 0 0	

附件 1 张

会计主管：尤晓静　　记账：　　复核：蒙山　　制单：龚建华

图 4-52　记账凭证

小提示

根据图 4-52 记账凭证及其所附的完工成品成本汇总表（见表 4-19）登记基本生产成本明细账（见图 4-55 和图 4-56）。

（3）计算和结转平整车间产品成本。

① 根据【例题 4-3】~【例题 4-10】及本例题中相关记账凭证及其所附的原始凭证登记平整车间的基本生产成本明细账（见图 4-53）。

② 根据图 4-51 和相关资料编制平整车间的产品成本计算表（见表 4-21）。

基本生产成本 明细账

平整车间羊绒男夹克　　　　总＿＿＿页 分 5 页

2024年 月	日	记账凭证 字	号	摘要		直接材料 转入半成品	直接材料 本步骤费用	直接人工 转入半成品	直接人工 本步骤费用	制造费用 转入半成品	制造费用 本步骤费用	
						…				…		
7	31			期末在产品成本	97 513.00	49 500.00	1 880.00	31 200.00	4 900.00	8 400.00	1 633.00	
8	31	记	71	领用材料	9 720.00		9 720.00					
	31	记	72	分配职工薪酬	56 700.00				56 700.00			
	31	记	73	预提电费	1 680.00						1 680.00	
	31	记	76	分配制造费用	33 087.00						33 087.00	
	31	记	78	转入半成品	772 200.00	429 000.00		270 400.00		72 800.00		
				本月合计	873 387.00	429 000.00	9 720.00	270 400.00	56 700.00	72 800.00	34 767.00	
				本月累计	970 900.00	478 500.00	11 600.00	301 600.00	61 600.00	81 200.00	36 400.00	

图 4-53　基本生产成本明细账

表 4-21　产品成本计算表

产品名称：羊绒男夹克

生产车间：平整车间　　　　编制日期：2024 年 8 月 31 日　　　　金额单位：元

项目	直接材料		直接人工		制造费用		合计
	转入半成品	本步骤费用	转入半成品	本步骤费用	转入半成品	本步骤费用	
期初在产品成本	49 500.00	1 880.00	31 200.00	4 900.00	8 400.00	1 633.00	97 513.00
本期生产成本	429 000.00	9 720.00	270 400.00	56 700.00	72 800.00	34 767.00	873 387.00
生产成本合计	478 500.00	11 600.00	301 600.00	61 600.00	81 200.00	36 400.00	970 900.00
本期完工产品产量	5 400.00	5 400.00	5 400.00	5 400.00	5 400.00	5 400.00	
期末在产品产量	400.00	400.00	400.00	400.00	400.00	400.00	
在产品约当产量	400.00	400.00	400.00	200.00	400.00	200.00	
约当总产量	5 800.00	5 800.00	5 800.00	5 600.00	5 800.00	5 600.00	
单位成本	82.50	2.00	52.00	11.00	14.00	6.50	168.00
完工产品成本	445 500.00	10 800.00	280 800.00	59 400.00	75 600.00	35 100.00	907 200.00
期末在产品成本	33 000.00	800.00	20 800.00	2 200.00	5 600.00	1 300.00	63 700.00

③ 根据表 4-21 编制平整车间的完工产品成本汇总表（见表 4-22）。

④ 根据表 4-22 编制记账凭证（见图 4-54）。

表 4-22　完工产品成本汇总表

生产车间：平整车间

转入部门：成品　　　　编制日期：2024 年 8 月 31 日　　　　金额单位：元

产品名称	计量单位	成本项目	完工数量	单位成本			总成本		
				转入半成品	本步骤费用	小计	转入半成品	本步骤费用	小计
羊绒夹克	件	直接材料	5 400	82.50	2.00	84.50	445 500.00	10 800.00	456 300.00
羊绒夹克	件	直接人工	5 400	52.00	11.00	63.00	280 800.00	59 400.00	340 200.00
羊绒夹克	件	制造费用	5 400	14.00	6.50	20.50	75 600.00	35 100.00	110 700.00
合　计				148.50	19.50	168.00	801 900.00	105 300.00	907 200.00

记账凭证

2024 年 8 月 31 日　　　　记 字 79 号

摘要	总账科目	明细科目	借方金额	√	贷方金额	√
结转平整车	库存商品	羊绒夹克	90720000			
间完工产品	生产成本	基本生产成本（平整车间）			90720000	
成本						
合　计			¥90720000		¥90720000	

附件 1 张

会计主管：尤晓静　　记账：　　复核：蒙山　　制单：龚建华

图 4-54　记账凭证

小提示

根据图 4-54 记账凭证及其所附的完工产品成本汇总表（见表 4-20）登记基本生产成本明细账（见图 4-55）。

（4）登记相关成本、费用明细账。

在产品成本计算和结转的过程中，由于生产成本归集的需要，已经根据相关费用、成本结转的记账凭证及其所附的原始凭证登记了部分相关费用、成本明细账，包括生产成本（辅助生产成本）明细账、制造费用明细账和生产成本（基本生产成本）明细账，产品成本计算工作完成后，应根据相关记账凭证及其所附的原始凭证登记完成相关成本、费用明细账，并结出生产成本明细账的期末在产品成本。

根据本例题相关记账凭证及其所附的原始凭证登记基本生产成本明细账（见图 4-55～图 4-57）。辅助生产成本明细账、制造费用明细账与逐步综合结转分步法相同。

基本生产成本 明细账

成本计算对象：裁剪车间羊绒夹克半成品　　　　总第______页　分第______页

2024年月	日	记账凭证字	号	摘要	合计	直接材料		直接人工		制造费用	
						转入半成品	本步骤费用	转入半成品	本步骤费用	转入半成品	本步骤费用
				…		…			…		
7	31			期末在产品成本	56 977.00		47 300.00		5 850.00		3 827.00
8	31	记	71	领用材料	321 000.00		321 000.00				
	31	记	72	分配职工薪酬	72 450.00				72 450.00		
	31	记	73	预提电费	2 700.00						2 700.00
	31	记	76	分配制造费用	31 273.00						31 273.00
				本月合计	427 423.00	0.00	321 000.00	0.00	72 450.00	0.00	33 973.00
				本月累计	484 400.00	0.00	368 300.00	0.00	78 300.00	0.00	37 800.00
	31	记	77	转入缝制车间	425 000.00		317 500.00		72 500.00		35 000.00
				期末在产品成本	59 400.00	0.00	50 800.00	0.00	5 800.00	0.00	2 800.00

图 4-55　基本生产成本明细账

基本生产成本 明细账

成本计算对象：缝制车间羊绒夹克半成品　　　　总第______页　分第______页

2024年月	日	记账凭证字	号	摘要	合计	直接材料		直接人工		制造费用	
						转入半成品	本步骤费用	转入半成品	本步骤费用	转入半成品	本步骤费用
				…		…			…		
7	31			期末在产品成本	88 384.00	50 800.00	6 928.00	11 600.00	11 580.00	5 600.00	1 876.00
8	31	记	71	领用材料	103 272.00		103 272.00				
	31	记	72	分配职工薪酬	194 670.00				194 670.00		
	31	记	73	预提电费	2 160.00						2 160.00
	31	记	76	分配制造费用	34 464.00						34 464.00
	31	记	77	转入半成品	425 000.00	317 500.00		72 500.00		35 000.00	
				本月合计	759 566.00	317 500.00	103 272.00	72 500.00	194 670.00	35 000.00	36 624.00
				本月累计	847 950.00	368 300.00	110 200.00	84 100.00	206 250.00	40 600.00	38 500.00
	31	记	78	转入平整车间	772 200.00	330 200.00	98 800.00	75 400.00	195 000.00	36 400.00	36 400.00
				期末在产品成本	75 750.00	38 100.00	11 400.00	8 700.00	11 250.00	4 200.00	2 100.00

图 4-56　基本生产成本明细账

基本生产成本 明细账

成本计算对象：平整车间羊绒夹克　　　　总第＿＿＿页　分第＿＿＿页

2024年		记账凭证		摘要	合计	直接材料		直接人工		制造费用	
月	日	字	号			转入半成品	本步骤费用	转入半成品	本步骤费用	转入半成品	本步骤费用
				…			…			…	
7	31			期末在产品成本	97 513.00	49 500.00	1 880.00	31 200.00	4 900.00	8 400.00	1 633.00
8	31	记	71	领用材料	9 720.00		9 720.00				
	31	记	72	分配职工薪酬	56 700.00				56 700.00		
	31	记	73	预提电费	1 680.00						1 680.00
	31	记	76	分配制造费用	33 087.00						33 087.00
	31	记	78	转入半成品	772 200.00	429 000.00		270 400.00		72 800.00	
				本月合计	873 387.00	429 000.00	9 720.00	270 400.00	56 700.00	72 800.00	34 767.00
				本月累计	970 900.00	478 500.00	11 600.00	301 600.00	61 600.00	81 200.00	36 400.00
	31	记	79	结转完工产品成本	907 200.00	445 500.00	10 800.00	280 800.00	59 400.00	75 600.00	35 100.00
				期末在产品成本	63 700.00	33 000.00	800.00	20 800.00	2 200.00	5 600.00	1 300.00

图 4-57　基本生产成本明细账

小提示

图 4-55 生产成本明细账属于多栏式明细账，只有借方，发生贷方金额应该用红字书写。记字 77 号记账凭证属于结转完工半成品成本，用红字书写。

三、逐步综合结转分步法与逐步分项结转分步法的区别

（1）结转方式不同。逐步分项结转分步法是将各步骤所耗用的上一步骤半成品成本，按照成本项目分项转入各该步骤产品成本明细账的各个成本项目中，而综合结转分步法是将各步骤所耗用的上一步骤半成品成本，按照成本项目综合转入各该步骤产品成本明细账的各个成本项目中。

（2）结转方法不同。逐步分项结转分步法由于工作量大而一般多采用按实际成本分项结转的方法，而综合结转分步法可以按照半成品的实际成本结转，也可以按照半成品的计划成本（或定额成本）结转。

（3）综合结转分步法一般需要将综合结转算出的产成品成本进行成本还原，以便从整个企业的角度分析和考核产品成本的构成，而分项结转已经反映成本的具体构成，因此不需要进行成本还原。

任务三 掌握平行结转分步法

平行结转分步法是指各步骤的生产成本不随半成品实物的转移而结转，而是将各生产步骤发生的应计入最终完工产品成本的份额，平行结转到完工产品成本的计算方法。

一、平行结转分步法成本核算的基本程序

平行结转分步法成本核算的基本程序如图 4-58 所示。

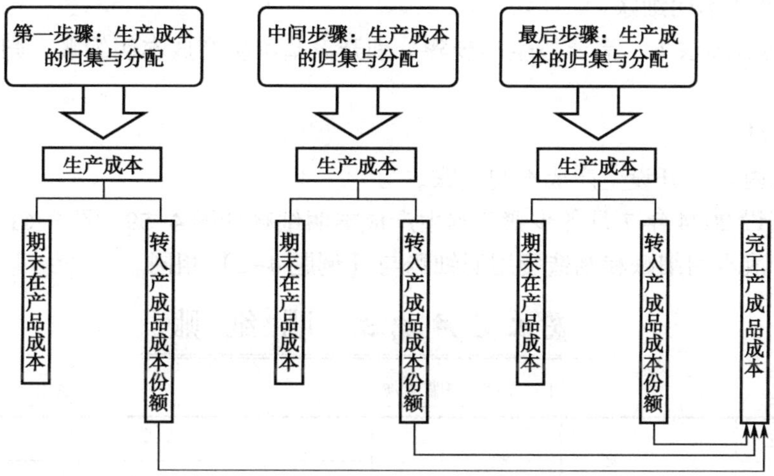

图 4-58 平行结转分步法成本核算的基本程序

在平行结转分步法下，各生产步骤只归集计算本步骤直接发生的生产费用，不计算本步骤所耗用上一步骤的半成品成本；月末，将各步骤的生产费用按照一定的标准计算应计入最终产品成本的份额，直接转入最终完工产品成本。各步骤平行独立、互不影响地进行成本计算，平行地把完工产品成本份额转入完工产品成本。

平行结转分步法的优缺点如下。

(1) 各生产步骤月末可以同时进行成本计算，不必等待上一步骤半成品成本的结转，从而加快了成本计算工作的速度，缩短了成本计算的时间。

(2) 能直接提供按原始成本项目反映的产品成本的构成，无须成本还原。

(3) 半成品成本的结转同其实物结转相脱节，使各步骤成本计算单上的月末在产品成本与实际结存在该步骤的在产品成本不一致，因而，不利于加强对生产资金的管理。

平行结转分步法的适用范围：平行结转分步法适用于多步骤的复杂生产，总的来说，只要不要求提供各步骤的半成品成本，就可以运用平行结转分步法。随着我国企业经济责任制的推行，企业普遍实行内部经济责任制和责任会计，尤其是在建立社会主义市场经济的进程中，众多企业要按《中华人民共和国公司法》的规定进行规范化改组，企业内部的责、权、利的实施在很大程度上依赖于各车间的成本指标考核，必然要求各车间要计算半成品成本。

所以，平行结转分步法的运用范围将大大缩小，而更多采用逐步结转分步法。

下面仍以南华市俊丽服装有限公司为例介绍平行结转分步法的计算步骤和方法。

【企业背景】南华市俊丽服装有限公司大批量生产羊绒夹克，由裁剪、缝制、平整三个基本生产车间分步骤生产，另设有机修车间为基本生产车间和管理部门提供维修服务。采用平行结转分步法计算产品成本。

二、平行结转分步法成本核算步骤和方法

1. 确定成本核算对象和成本项目

仍以【例题4-1】为例，南华市俊丽服装有限公司以裁剪、缝制和平整车间生产步骤分别归集各步骤的生产费用，下设直接材料、直接人工和制造费用三个成本项目。

2. 设置生产成本明细账

在平行结转分步法下，需要按生产步骤分别开设基本生产成本明细账，归集各步骤的生产费用。

【例题4-17】

【经济业务内容】开设生产成本明细账。

【情景】假设2024年7月各步骤基本生产成本明细账如图4-59~图4-61所示（1~7月略）。辅助生产成本明细账和制造费用明细账与【例题4-2】相同。

基本生产成本　明细账

产品名称：羊绒夹克　　　　生产车间：裁剪车间　　　　总第____页 分第____页

2024年		记账凭证		摘　要	合　计				
月	日	字	号			直接材料	直接人工	制造费用	
				…	…	…			
7	31			期末在产品成本	175 977.00	136 200.00	26 150.00	13 627.00	

图4-59　基本生产成本明细账

基本生产成本　明细账

产品名称：羊绒夹克　　　　生产车间：缝制车间　　　　总第____页 分第____页

2024年		记账凭证		摘　要	合　计				
月	日	字	号			直接材料	直接人工	制造费用	
				…	…	…			
7	31			期末在产品成本	58 484.00	18 328.00	34 080.00	6 076.00	

图4-60　基本生产成本明细账

基本生产成本 明细账

产品名称：羊绒夹克　　生产车间：平整车间　　总第____页 分第____页

2024年		记账凭证		摘　要	合　计				
月	日	字	号			直接材料	直接人工	制造费用	
				…		…		…	
7	31			期末在产品成本	8 413.00	1 880.00	4 900.00	1 633.00	

图 4-61　基本生产成本明细账

3. 归集和分配要素费用

在平行结转分步法下，相关要素费用的归集和分配与逐步结转分步法相同，包括材料费用的归集和分配、人工费用的归集和分配、外购动力费用的归集和分配、折旧费用的归集、辅助生产费用的归集和分配、制造费用的归集和分配。仍以【例题 4-3】~【例题 4-10】经济业务为例，账务处理过程不变。

4. 计算和结转完工产品成本

在平行结转分步法下，各步骤的半成品实物按照生产步骤逐步转移，而各生产步骤发生的生产费用，不随实物的转移而结转，而是将各步骤应计入最终完工产品成本的份额平行结转到完工产品成本，构成完工产品总成本。应计入最终完工产品成本的份额计算方法如下：

某步骤广义期末在产品约当产量

=该步骤在其他各步骤期末在产品数量+该步骤期末在产品数量×完工程度

某步骤生产成本分配率

=该步骤生产成本合计÷（最终步骤完工产品产量+该步骤广义期末在产品约当产量）

某步骤计入完工产品成本的份额

=最终步骤完工产品产量×该步骤生产成本分配率

【例题 4-18】

接【例题 4-17】，南华市俊丽服装有限公司 8 月份发生的应计入产品生产成本的经济业务如【例题 4-3】~【例题 4-10】所示，2024 年 8 月产品产量情况如表 4-8 所示，裁剪车间、缝制车间完工半成品直接移交下一步骤，各步骤在产品完工程度均为 50%，原材料于生产开始时一次性投入，生产成本在完工产品与在产品之间的分配采用约当产量法。请按照平行结转分步法归集、计算和结转完工产品成本。

【分析】

【例题 4-3】~【例题 4-10】中，已根据相关费用的归属、受益对象编制了记账凭证，要计算完工产品成本，应根据有关记账凭证及其所附的原始凭证登记裁剪车间、缝制车间和平整车间各步骤的生产成本，按照公式计算各步骤应计入完工产品成本的份额，结转计入完工产品成本。

【账务处理过程】

（1）登记生产成本（基本生产成本）明细账。

根据【例题4-3】~【例题4-10】中相关记账凭证及其所附的原始凭证登记各步骤基本生产成本明细账（见图4-62~图4-64）。

基本生产成本 明细账

产品名称：羊绒夹克　　生产车间：裁剪车间　　总第____页 分第____页

2024年		记账凭证		摘要	合计	直接材料	直接人工	制造费用	
月	日	字	号						
				…	…		…		
7	31			期末在产品成本	175 977.00	136 200.00	26 150.00	13 627.00	
8	31	记	71	领用材料	321 000.00	321 000.00			
	31	记	72	分配职工薪酬	72 450.00		72 450.00		
	31	记	73	预提电费	2 700.00			2 700.00	
	31	记	76	分配制造费用	31 273.00			31 273.00	
				本月合计	427 423.00	321 000.00	72 450.00	33 973.00	
				本月累计	603 400.00	457 200.00	98 600.00	47 600.00	

图4-62　基本生产成本明细账

基本生产成本 明细账

产品名称：羊绒夹克　　生产车间：缝制车间　　总第____页 分第____页

2024年		记账凭证		摘要	合计	直接材料	直接人工	制造费用	
月	日	字	号						
				…	…		…		
7	31			期末在产品成本	58 484.00	18 328.00	34 080.00	6 076.00	
8	31	记	71	领用材料	103 272.00	103 272.00			
	31	记	72	分配职工薪酬	194 670.00		194 670.00		
	31	记	73	预提电费	2 160.00			2 160.00	
	31	记	76	分配制造费用	34 464.00			34 464.00	
				本月合计	334 566.00	103 272.00	194 670.00	36 624.00	
				本月累计	393 050.00	121 600.00	228 750.00	42 700.00	

图4-63　基本生产成本明细账

基本生产成本 明细账

产品名称：羊绒夹克　　　　生产车间：平整车间　　　　总第　　页 分第　　页

2024年		记账凭证		摘　　要	合　　计	直接材料	直接人工	制造费用	
月	日	字	号						
				…	…	…		…	
7	31			期末在产品成本	8 413.00	1 880.00	4 900.00	1 633.00	
8	31	记	71	领用材料	9 720.00	9 720.00			
	31	记	72	分配职工薪酬	56 700.00		56 700.00		
	31	记	73	预提电费	1 680.00			1 680.00	
	31	记	76	分配制造费用	33 087.00			33 087.00	
				本月合计	101 187.00	9 720.00	56 700.00	34 767.00	
				本月累计	109 600.00	11 600.00	61 600.00	36 400.00	

图 4-64　基本生产成本明细账

（2）计算各步骤应计入完工产品成本的份额。

根据公式，各步骤生产成本分配表如表 4-23～表 4-25 所示。

表 4-23　生产成本分配计算表

产品名称：羊绒夹克

生产车间：裁剪车间　　　　2024 年 8 月 31 日　　　　金额单位：元

项　　目	直接材料	直接人工	制造费用	合　　计
期初在产品成本	136 200.00	26 150.00	13 627.00	175 977.00
本期生产成本	321 000.00	72 450.00	33 973.00	427 423.00
生产成本合计	457 200.00	98 600.00	47 600.00	603 400.00
本期完工产品产量	5 400	5 400	5 400	
本步骤期末在产品产量	800	800	800	
本步骤在其他步骤在产品产量	1 000	1 000	1 000	
广义在产品约当产量	1 800	1 400	1 400	
约当总产量	7 200	6 800	6 800	
分配率	63.50	14.50	7.00	85.00
应计入完工产品成本	342 900.00	78 300.00	37 800.00	459 000.00
期末在产品成本	114 300.00	20 300.00	9 800.00	144 400.00

小提示

表 4-23 中部分数据来源和计算方法如下。

① 本期完工产品产量根据平整车间（最终步骤）的完工产品产量填列。

② 本步骤在其他步骤在产品产量=缝制车间在产品数量+平整车间在产品数量=600+400=1 000（元）

③ 广义在产品约当产量=本步骤在其他步骤在产品产量+本步骤期末在产品产量×完工程度

如：直接人工广义在产品约当产量=1 000+800×50% =1 400（元）

④ 约当总产量=完工产品产量+广义在产品约当产量

如：直接人工约当总产量=5 400+1 400=6 800（元）

⑤ 分配率=生产成本合计÷约当总产量

如：直接人工分配率=103 360÷68 00=15. 20

⑥ 应计入完工产品成本=分配率×完工产品产量

如：直接人工应计入完工产品成本=15. 20×5 400=82 080（元）

（3）结转各步骤应计入完工产品成本的份额。

根据以上生产成本分配计算表编制产品成本汇总计算表（见表 4-26）。根据表 4-26 编制结转完工产品成本的记账凭证（见图 4-65）。

表 4-24　生产成本分配计算表

产品名称：羊绒夹克

生产车间：缝制车间　　　　2024 年 8 月 31 日　　　　金额单位：元

项　　目	直接材料	直接人工	制造费用	合　　计
期初在产品成本	18 328.00	34 080.00	6 076.00	58 484.00
本期生产成本	103 272.00	194 670.00	36 624.00	334 566.00
生产成本合计	121 600.00	228 750.00	42 700.00	393 050.00
本期完工产品产量	5 400	5 400	5 400	
本步骤期末在产品产量	600	600	600	
本步骤在其他步骤在产品产量	400	400	400	
广义在产品约当产量	1 000	700	700	
约当总产量	6 400	6 100	6 100	
单位成本	19.00	37.50	7.00	63.50
应计入完工产品成本	102 600.00	202 500.00	37 800.00	342 900.00
期末在产品成本	19 000.00	26 250.00	4 900.00	50 150.00

表 4-25　生产成本分配计算表

产品名称：羊绒夹克

生产车间：平整车间　　　　2024 年 8 月 31 日　　　　金额单位：元

项　　目	直接材料	直接人工	制造费用	合　　计
期初在产品成本	1 880.00	4 900.00	1 633.00	8 413.00
本期生产成本	9 720.00	56 700.00	34 767.00	101 187.00
生产成本合计	11 600.00	61 600.00	36 400.00	109 600.00
本期完工产品产量	5 400	5 400	5 400	
本步骤期末在产品产量	400	400	400	
本步骤在其他步骤在产品产量				
在产品约当产量	400	200	200	
约当总产量	5 800	5 600	5 600	
单位成本	2.00	11.00	6.50	19.50
应计入完工产品成本	10 800.00	59 400.00	35 100.00	105 300.00
期末在产品成本	800.00	2 200.00	1 300.00	4 300.00

表 4-26　产品成本汇总计算表

产品名称：羊绒夹克　　　　2024 年 8 月 31 日　　　　金额单位：元

项　　目	直接材料	直接人工	制造费用	合　　计
裁剪车间转入	342 900.00	78 300.00	37 800.00	459 000.00
缝制车间转入	102 600.00	202 500.00	37 800.00	342 900.00
平整车间转入	10 800.00	59 400.00	35 100.00	105 300.00
完工产品总成本	456 300.00	340 200.00	110 700.00	907 200.00
本期完工产品产量	5 400	5 400	5 400	
单位成本	84.50	63.00	20.50	168.00

小提示

表 4-26 中部分数据来源和计算方法如下。

① 各车间转入根据各步骤生产成本分配计算表的“应计入完工产品成本”各项目填列。

如：裁剪车间直接人工为 82 080 元。

② 完工产品总成本 = 各车间转入之和

如：直接人工 = 82 080+199 800+59 400 = 341 280（元）

③ 单位成本 = 完工产品总成本 ÷ 完工产品产量

如：直接人工单位成本 = 341 280÷5 400 = 63. 20（元）

记账凭证

2024年 8 月 31 日　　　　记 字 77 号

摘要	总账科目	明细科目	借方金额 千	百	十	万	千	百	十	元	角	分	√	贷方金额 千	百	十	万	千	百	十	元	角	分	√
结转完工产	库存商品	羊绒夹克			9	0	7	2	0	0	0	0												
品成本	生产成本	基本生产成本（裁剪车间）														4	5	9	0	0	0	0	0	
	生产成本	基本生产成本（缝制车间）														3	4	2	9	0	0	0	0	
	生产成本	基本生产成本（平整车间）														1	0	5	3	0	0	0	0	
合计				¥	9	0	7	2	0	0	0	0			¥	9	0	7	2	0	0	0	0	

附件 1 张

会计主管：尤晓静　　记账：　　复核：蒙山　　制单：龚建华

图 4-65　记账凭证

（4）登记相关成本、费用明细账。

根据本例题相关记账凭证及其所附的原始凭证登记生产成本（基本生产成本）明细账（见图 4-66~图 4-68）。生产成本（辅助生产成本）明细账、制造费用明细账与逐步结转分步法相同。

基本生产成本　明细账

产品名称：羊绒夹克　　生产车间：裁剪车间　　总第＿＿页 分第＿＿页

2024年 月	日	记账凭证 字	号	摘要	合计	直接材料	直接人工	制造费用	
				…	…		…		
7	31			期末在产品成本	175 977.00	136 200.00	26 150.00	13 627.00	
8	31	记	71	领用材料	321 000.00	321 000.00			
	31	记	72	分配职工薪酬	72 450.00		72 450.00		
	31	记	73	预提电费	2 700.00			2 700.00	
	31	记	76	分配制造费用	31 273.00			31 273.00	
				本月合计	427 423.00	321 000.00	72 450.00	33 973.00	
				本月累计	603 400.00	457 200.00	98 600.00	47 600.00	
	31	记	77	转入完工产品成本	459 000.00	342 900.00	78 300.00	37 800.00	
				期末在产品成本	144 400.00	114 300.00	20 300.00	9 800.00	

图 4-66　基本生产成本明细账

基本生产成本 明细账

产品名称：羊绒夹克　　生产车间：缝制车间　　总第____页 分第____页

2024年		记账凭证		摘要	合计	直接材料	直接人工	制造费用	
月	日	字	号						
				…		…		…	
7	31			期末在产品成本	58 484.00	18 328.00	34 080.00	6 076.00	
8	31	记	71	领用材料	103 272.00	103 272.00			
	31	记	72	分配职工薪酬	194 670.00		194 670.00		
	31	记	73	预提电费	2 160.00			2 160.00	
	31	记	76	分配制造费用	34 464.00			34 464.00	
				本月合计	334 566.00	103 272.00	194 670.00	36 624.00	
				本月累计	393 050.00	121 600.00	228 750.00	42 700.00	
	31	记	77	转入完工产品成本	342 900.00	102 600.00	202 500.00	37 800.00	
				期末在产品成本	50 150.00	19 000.00	26 250.00	4 900.00	

图 4-67　基本生产成本明细账

基本生产成本 明细账

产品名称：羊绒夹克　　生产车间：平整车间　　总第____页 分第____页

2024年		记账凭证		摘要	合计	直接材料	直接人工	制造费用	
月	日	字	号						
				…		…		…	
7	31			期末在产品成本	8 413.00	1 880.00	4 900.00	1 633.00	
8	31	记	71	领用材料	9 720.00	9 720.00			
	31	记	72	分配职工薪酬	56 700.00		56 700.00		
	31	记	73	预提电费	1 680.00			1 680.00	
	31	记	76	分配制造费用	33 087.00			33 087.00	
				本月合计	101 187.00	9 720.00	56 700.00	34 767.00	
				本月累计	109 600.00	11 600.00	61 600.00	36 400.00	
	31	记	77	转入完工产品成本	105 300.00	10 800.00	59 400.00	35 100.00	
				期末在产品成本	4 300.00	800.00	2 200.00	1 300.00	

图 4-68　基本生产成本明细账

反侵权盗版声明

举报电话：（010）88254396；（010）88258888

传　　真：（010）88254397

E-mail：　dbqq@phei.com.cn

通信地址：北京市海淀区万寿路 173 信箱

　　　　　电子工业出版社总编办公室

邮　　编：100036